U0460409

20堂
家教课
提升你的
陪伴力

北京市妇女联合会　父母必读杂志社　编著

北京出版集团
北京出版社

图书在版编目（CIP）数据

20堂家教课提升你的陪伴力 / 北京市妇女联合会，父母必读杂志社编著. — 北京 : 北京出版社，2021.6
ISBN 978-7-200-16451-0

Ⅰ. ①2… Ⅱ. ①北… ②父… Ⅲ. ①家庭教育 Ⅳ.
①G78

中国版本图书馆CIP数据核字（2021）第120410号

20堂家教课提升你的陪伴力
20 TANG JIAJIAOKE TISHENG NI DE PEIBANLI

北京市妇女联合会　　父母必读杂志社　编著
＊
北 京 出 版 集 团
北 京 出 版 社　　出版
（北京北三环中路6号）
邮政编码：100120
网　　　　址：www.bph.com.cn
北 京 出 版 集 团 总 发 行
新 华 书 店 经 销
永清县晔盛亚胶印有限公司印刷
＊
880毫米×1230毫米　32开本　3.5印张　51千字
2021年6月第1版　　2023年7月第3次印刷
ISBN 978－7－200－16451－0
定价：28.00元
如有印装质量问题，由本社负责调换
质量监督电话：010－58572393

《20堂家教课提升你的陪伴力》
编委会

（编委会成员名单按姓氏笔画排序）

主任
张雅君

副主任
赵红伟　　徐凡

主编
尤筠　　恽梅

编委会成员
田春艳　刘国平　刘焕春　李楠
吴颖　段冬梅　唐洪　覃静

前　言

学习陪伴，学会陪伴

对今天的父母来说，陪伴无疑是最重要的功课之一，一是因为陪伴是实现家庭教育的重要方式，二是因为我们对自己、对孩子有了更高的期待，希望给予他们更多的温暖与亲情。

当然，对今天的孩子来说，陪伴也是父母送给他们童年的最好礼物。

"你觉得陪伴意味着什么？"最近，我们向几个家庭发出了这样的问题征集，得到来自父母这样的回答：

和他一起享受做美食的时光。

一遍又一遍陪他读同一本书，一遍又一遍听他说"为什么呢"。

陪家人一起吃饭，玩同一个游戏，读同一本书。

他需要的时候，我就在他的身边，分享他的快乐，分担他的烦恼。

经常搂着他，让他感觉我的心跳，感受我的体温，我陪伴着他，但他其实也陪伴着我。

牵着孩子的手，看着他慢慢长大，自己慢慢变老。

……

同时，我们也向孩子们提出了同样的问题，而孩子们做出了这样纯真的回答：

　　陪我一起玩玩具，陪我一起做游戏，看书，学本领。

　　爸爸妈妈陪我一起读书，一起画画，一起吃饭。

　　陪我一起写作业，一起玩。

　　妈妈跟我一起吃棉花糖。

　　陪我玩，陪我看动画片。

　　……

　　在父母和孩子这些关于"陪伴"的回答中，我们看到一些有趣的关键词：一起，一遍又一遍，分享，感受……可见，一起度过的时光，反复玩过的游戏，共同完成的事情，亲密的情感连接与感受，正是这些构成了一幅幅陪伴的生动画面。

　　当然，每个人对陪伴的理解不尽相同。但如果想为高质量陪伴做出一些更为直观的解释，或许我们可以试着用这样一个公式来说明一下：陪伴=时间+内容+影响。也就是说要想实现高质量陪伴，我们需要关注几个重要维度：

　　一是时间。陪伴是需要有时间保证的，这是一个基本前提。这个前提需要我们认真安排、规划好生活，给孩子留出时间。但只付出时间，也无法实现高质量陪伴。一项社会学研究表明，今天的父母在陪伴孩子上所花费的时间远远高于20世纪70年代的父母，但他们的焦虑程度也更高。

　　二是内容。陪着不等于陪伴，在陪伴的时间里，需要一定的"内容"来支持——一起读书，一起吃饭，一起运动，一起聊天……总之，是做孩子们感兴趣的事情，有意思的事情，而不仅仅是大人认为重要的事情。

三是影响。即父母的言谈举止所带来的榜样与示范作用，这无疑是一种潜在的、更深层的陪伴，比如健康的生活方式、乐观积极的生活态度。更确切地说，这种影响带来的陪伴，更像是一种濡染，虽然无形，但它带给孩子的是更为潜移默化也更为深远的影响，以及与父母更为深厚的情感连接。当然，这种影响也是双向的，即父母影响孩子，孩子也会影响父母，正如上面父母所回答的：我陪伴着他，但他其实也陪伴着我。

　　你是如何陪伴孩子的？

　　2020年，北京市妇女联合会联合《父母必读》杂志共同发起了"陪伴，我们在一起"家庭教育主题培育实践倡议，我们向你发出这样的邀请：学习陪伴，学会陪伴。

　　希望与大家一起携手陪伴成长，一起遵守陪伴时间，一起履行陪伴清单，一起提升陪伴质量。

《父母必读》杂志主编　恽梅

目录

健康营养篇

专家寄语篇

家庭教育篇

第一课
高质量陪伴怎么做？三招教你会陪伴

中国青年政治学院青年发展研究院名誉院长　中国青少年研究会副会长

陆士桢

　　一场疫情，让不少平时忙于工作的家长有了更多时间陪伴孩子。然而，超长假期的陪伴，并没有出现想象中的母慈子孝、一派祥和的景象。

　　"疫情赶紧过去吧，幼儿园赶紧开学吧，小魔王赶紧去烦老师去吧。"

　　"看着老公玩手机，孩子看电视，莫名烦躁。"

　　"神兽何时归笼，我已经要疯了……"

　　特殊时期，难得的彼此陪伴时光，却暴露了赤裸裸的家庭真相：前三天母慈子孝，之后的日子里，只有鸡飞狗跳。

　　以前总说没时间陪伴孩子，现在有了时间，却不知道如何陪伴孩子。其实，我们常常挂在嘴边的"陪伴"，已经不是有没有时间这么简单的问题了。

1. 陪伴到底是什么？

　　陪伴到底是什么？花时间陪在孩子身边就是陪伴吗？

　　第一，陪伴不是有时间陪着。

并不是说有时间陪着，父母有时间与孩子在一起就是陪伴。陪伴需要时间，但仅仅是有时间陪着不叫陪伴。陪伴需要态度和方法，它体现了一个人的信念、价值观和综合素养。

第二，陪伴不是盯着。

很多父母与孩子在一起时，只会问孩子学习怎么样，考试怎么样，最近有没有调皮。这不是陪伴，也不是沟通，这叫盯着孩子。

第三，陪伴不是简单地在一起。

这次疫情给很多家长上了一课，让家长意识到陪伴是需要内涵的。不是简单地待在一起，花时间盯着孩子就叫陪伴了。父母如果没有自己的生活、爱好和追求，即便与孩子同住一个屋檐下，也很少能做到一心一意地陪伴。看似和孩子在一起，却变成了彼此的一种煎熬，给孩子和自己都带来了更大的压力和更多的焦虑。

2. 何为高质量陪伴?

要想有高质量的陪伴，家长首先要明确一点，即"喜欢并经常和孩子在一起"。喜欢是首要条件，是发自内心的，而不是为了完成任务，不能有一种"作为爸爸（妈妈），我没有别的选择，必须要陪你"的心态。

第一，孩子为本。

家长不能将陪伴作为一项任务去完成，而应以孩子身心发展的需要作为出发点，陪伴一定是以孩子为本。

第二，情感为基。

孩子的发展是多方面的，在不同阶段的需求也不同。处于幼年期的孩子，更重要的是在情感上对他们的呵护和帮助，让他们能够通过跟父母的接触，体会到父母对他们的贴心的呵护。

第三，引领为要。

父母通过陪伴，对孩子有正面的、积极的引领，引领孩子独立思考和实践，调动他的内在思考，让他不断成长为合格的公民，并过上有意义的生活。

第四，共进为标。

陪伴的目的是实现家长和孩子的共同成长。在这个过程中，家长也要有所成长和发展。

3. 好的陪伴怎么做？

第一招：和孩子一起做有意义的事。

一起阅读，一起运动，一起大扫除，一起购物，等等，让孩子参与到家庭事务中，经常和孩子一起谋划并一起做事，让孩子能够在家庭中体现自己的存在感和责任感。在做事的过程中，无论是情感交流还是决定某件事情，家长不能抱着"我不要你觉得，我要我觉得"的心理，注重建立与孩子之间的平等关系。

第二招：和孩子一起讨论问题。

随着孩子的成长，他面临的问题会是多方面的。家长有一个重要的责任，就是引领孩子去分析和认识社会事务，在相互讨论的过程中，教会孩子明辨是非。比如这次疫情，很多孩子是第一次面对死亡这个话题。死亡到底意味着什么？家长可以根据孩子所处年龄段的特点来讨论。这种讨论，其实是一种交流，一种平等的沟通，这对孩子的成长非常重要。

第三招：采取平等的态度。

无论是陪着孩子一起做事还是讨论问题，家长一定要把自己和孩子放在平等的位置上，而不是替孩子做决定，或总是摆出一副权威面孔不容侵犯。家长和孩子之间应该是坦诚相见的，最好有一个制度化的陪伴约定，比如除了每周日常交流外，每半个月可以有一次单独的长时间的亲密聊天。这种陪伴，总会在孩子成长的某些时刻，给予他一种特殊的力量，真正陪他成长。

4. 家庭教育的核心是提高家长的素质

新时代的家庭教育已经不是狭隘地定义为家长如何教育孩子，而是首先要从"影响、渗透、互动"3个关键词去认识家庭教育的内涵。影响是长辈对晚辈的综合影响；渗透是对孩子行为、思想、精神状态的长期渗透；互动，实际上是包括孩子在内的，所有家庭成员之间的互动。

新时代家庭教育的核心是提高家长的素质。家长需要不断学习，转变教育观念和教育方法。每个孩子都是独特的发展主体，有自己独特的潜能，适合这个孩子的方法不一定适合那个孩子。培养孩子如何积极地适应现代社会，这才是最重要的。

第二课
宅家，用好这三个时机

北京市家庭教育研究会副会长 父母必读养育科学研究院院长 北京市政协委员 徐凡

在新冠肺炎疫情蔓延的时刻，我们待在家中为的是阻断疾病的传播，为了自己也为了他人。也许会恐慌，也许会无聊，也许会不知该如何向孩子说起，但不管多么艰难，我相信大家都已经开始寻找积极应对的办法了。

我希望大家能够珍惜这段难得的亲子共处时光，不仅为孩子建设一个卫生、安全的生活空间，也为孩子建设一个积极温暖的心理空间，让家庭有更多的勇气和智慧去迎接疫情的挑战。这意味着作为父母，我们要努力阻断社会上弥漫的恐慌情绪，把注意力从搜索疫情变化更多地转向关注孩子的情绪的变化，为孩子的积极成长寻找资源。

这是一个培养孩子健康习惯的好时机。勤洗手，打喷嚏要捂口鼻，手不干净不可以摸口、眼、鼻，不随意抠鼻子……这些习惯平常培养起来也许有点费劲，但此时此刻，我们需要让自己重视起来，也要想办法让孩子重视起来。

这是一个帮孩子制订计划、学会时间管理的好时机。上午玩什么，下午吃什么；什么时间做手工；什么时间全家一起跳跳操；什么时间和爷爷奶奶视频；什么时间和小朋友通话，分享一下今天又听了什么新故事……根据孩子的年龄和能力，计划可以是早晨起来后的简单讨论，也可以是画着各种符号的时间表。选择一种适合的，这不仅是约束孩子，也是约束我们自己。因为它会帮我们更好地安排自己的生活。

　　这也是一个让孩子客观认识传染性疾病，了解如何阻断疾病传播的好时机。现在这方面的科普资料很多，选择来自权威渠道、制作优良的信息，根据孩子的理解力，加工一下，再讲给孩子。这里，"加工一下"很重要，因为只有我们才知道自己孩子的认知水平。当孩子对事情有了客观的认知后，才会和我们一样，建立起战胜疫情的信心。

　　我们要相信自己，也相信孩子。相信这场疫情带给我们的，除了艰难，一定还会有能力的提升！

第三课
疫情中的家庭教育契机

北京师范大学心理健康与教育研究所所长 北京市家庭教育研究会理事

边玉芳

一场突如其来的疫情打乱了人们正常的生活，也让2020年的寒假变得特别长。这几天，有许多家长都在抱怨：孩子生活规律被打乱，起居无时；只吃不动，体质下降；无所事事，沉迷手机、电视、网络游戏……

一方面，我们要认识到，对于每一个普通大众来说，保护好自己和家人，安排好自己和家人的生活，就是让自己成为"抗疫"链条上坚不可摧的一环，就是最好的相助；另一方面，我们还要化消极为积极，借这次超长居家假期的机会，陪伴孩子度过一段有意义的亲子时光。疫情把我们困在了家里，打乱了往日的工作和生活的规律，却也给了我们平时求之不得陪伴孩子的大块时间。

同时，这段特殊时期也提供了一个给孩子们上一堂生活大课的契机。要知道，有很多东西，是无法通过教科书直接教给孩子的。如何利用疫情让孩子在真实的情境中习得知识、提升能力、养成好品格，是每一个父母需要思考的问题。因此，虽然目前我们身处困境，但同时也是我们进行家庭教育的契机。我们可以利用这个机会，给孩子做好以下几种教育：

1. 卫生习惯的教育

　　饭前便后洗手。洗手需要有正确的方法和步骤。可能这样的卫生习惯要求，你在平时已经和孩子重复了很多次，效果却不太好，但这个特殊时期却为我们提供了对孩子进行良好生活习惯教育的机会。因为除了你之外，学校、社区、各种媒体都在跟你一起反复强调良好生活习惯对疫情防控的重要性。

　　家长需要根据孩子的认知水平和知识接受能力，让他了解有关新型冠状病毒的相关知识，知道良好的卫生习惯对疫情防控的重要性，进而养成良好的生活习惯：比如，从公共场所返回、饭前便后，要用洗手液或香皂在流水下洗手，不具备洗手的条件时，可以使用含酒精成分的免洗洗手液来清洁；不确定手是否干净时，要避免用手接触口、鼻、眼；打喷嚏或咳嗽时，要用手肘遮住口鼻；外出时要佩戴口罩；等等。

2. 自主管理能力的教育

　　孩子的假期学习生活，需要合理的安排和科学的指导。这样一个不期而遇的假期，如果任由孩子每天在床上躺着、沙发上坐着，不停地玩手机、看电视，不仅影响他们的身体健康，也会让他们更加焦躁。家长要以此为契机，让孩子学会管理好自己的时间，主动学习。

　　家长可以和孩子一起讨论，共同制订一个居家学习生活的方案，把一日生活、学习的时间形成一张作息时间表。在这张表上，要和孩子一起列出什么时候起床，什么时候学习做作业，什么时候锻炼身体，什么时候娱乐游戏，什么时候做家务……特别重要的是，这张作息时间表应该是对全家人的要求，不能只对孩子，当然父母的时间可以和孩子的不完全一致，但这张表需要全家人共同遵守。全家人一起学习、一起锻炼、一起游戏，做家务时全家分工合作、一起动手。

家长还可以借助各种网络课程资源或书本让孩子尝试自学，或许孩子会发现很多内容即使没有老师进行讲解自己也能学会。对孩子来说，自学和自主管理时间的能力是其一生需要培养的重要能力。借助这次机会，家长可以向孩子提出要求，陪伴孩子，并及时给予孩子提醒和鼓励，帮助孩子养成自我管理、自主学习的能力。

3. 感恩教育

在抗击新冠肺炎疫情的这场战斗中，有无数人牺牲了自己的休息时间，放弃了与家人团聚的机会，冒着被感染的危险，坚守在各自的岗位上，默默守护着大家的安全。比如李克强总理深入武汉疫区考察指导防控工作，84岁的钟南山院士再度挂帅出征，全国成千上万名医务人员紧急奔赴前线……他们都是这场疫情中最美的"逆行者"。

还有我们身边的警察、保安、社区工作人员……他们坚守在自己的工作岗位上，同样也在守护着我们的平安。要让孩子知道，我们生活的安全与安宁是许多有担当的人共同守护的，由此让孩子对他人、对社会、对国家有感恩之心。

4. 责任感教育

要让孩子了解，在这场没有硝烟的战争中，我们每个人都应该做好一个公民应该去做的事情。那就是按要求在家做好隔离和防护，保护好自己。这不仅仅是对自己负责，也是对家人和社会负责，是每个人对打胜这场战"疫"的重要贡献。

家长可以用适合孩子年龄的方式讲讲为什么居家、讲卫生、做好防护就是对这次战"疫"的贡献，让孩子了解一个国家、一个社会是一个整体，没有人能离开社会和国家独自生活，而每个人都要对自己、家人、社会和国家负责，以此培养孩子的责任感。

5. 职业认知教育

这也是一次难得的职业认知教育机会。在让孩子了解全国人民如何抗击疫情的过程中，可以让孩子了解不同行业在其中的贡献。通过与孩子一起查资料、讲故事等多种方式帮助孩子认识不同的职业及其作用。如让孩子深入了解医生这个职业，认识到医学事业对人类的巨大贡献。

这样做有利于帮助孩子探索未来的职业方向，树立人生目标，也有利于增强孩子的学习动机和学习兴趣，更让孩子认识到社会是一个整体，需要每个人在不同的岗位上努力工作，社会才能安定美好。

6. 信息筛选能力的教育

在这场战斗中，我们还要让孩子学会如何选择各种信息，培养孩子独立筛选信息的能力。在抗击新冠肺炎疫情的过程中，每天都会出现各种各样层出不穷、真假难辨的信息。对于年龄较小的孩子，不要让他们过多了解超出其认知和心理承受能力的信息；而对年龄大一点的孩子，要培养他们信息筛选的能力，要对所有信息有自己的认知，要学会独立判断。

当下网上各种学习资源非常多，在浩瀚的资源面前，孩子们如果没有选择地盲目接受，很容易出现不知所措、慌乱的情绪，所以需要孩子在教师、家长的指导下进行有目的的选择，减少学习的盲目性，增强系统性，这也是培养孩子信息筛选能力的关键。

7. 珍爱生命教育

防疫期间，正是进行珍爱生命教育的契机，可以让孩子更深切地感受生命的可贵，培养他们热爱生活的情感和能力。家长可以引导孩子以健康为核心，结合这次疫情的发生与防疫工作，体会到生命的可贵与来之不易。要告诉孩子，国家和各级政府之所以用这么严格的方式来防止病毒的传播，是因为我国政府把人民的生命健康摆在首位。

所以每个人无论何时何地，身处何境，珍爱生命都是第一位的。家长还可以结合钟南山等先进人物的事迹，让孩子体会他们为人民、为国家、为人类无私奉献的崇高精神。

在这场战斗中，我们可以看到无数人的努力，这让孩子理解责任与担当的意义，科技和大数据的力量，还帮孩子体会到决策的关键与重要……只要每一位家长用心观察，这样的教育主题还有很多！而这些，是书本无法教给孩子的，生活才是最好的老师！

　　在这个漫长的假期里，希望家长们稳定自己的情绪，静下心来，用心陪伴孩子成长，你不仅会收获一份好的亲子关系，还会收获一个懂事、成熟、有担当的孩子。让我们在一起，不惧风雨，满怀期待和信心，迎接春暖花开。

第四课
面对疫情，我们可以跟孩子共同学习这些

上濒教育机构首席研究员 北京市家庭教育研究会理事　兰海

对于大多数孩子来说，他们没有经历过17年前那场恐怖的"非典战争"，时下的新型冠状病毒肺炎疫情是他们第一次经历全国性的疫情。作为家长，这次疫情，我们能教给孩子的其实有很多。

1. 什么是新型冠状病毒

冠状病毒是一大类病毒，已知会引起疾病，患者表现从普通感冒到重症肺部感染各有不同，例如中东呼吸综合征（MERS）和严重急性呼吸综合征（SARS）。此次的新型冠状病毒（2019-nCov）是一种先前尚未在人类中发现的冠状病毒，这种病毒可能的传播途径有飞沫传播和接触传播，通常是在与被感染的患者密切接触之后。

2. 人类与疾病的抗争史

自古以来，饥荒、瘟疫和战争就经常给人类带来巨大灾难，其中瘟疫尤甚。

古典时代，瘟疫耗尽了雅典和罗马的活力。14世纪，黑死病在欧洲肆虐，促使教会内部异端教派兴起，欧洲封建时代由此终结。从19世纪末开始，现代医学进入了跨越式发展的时代，其中具有代表性的是1883年，科赫发现了霍乱的病原菌是霍乱弧菌。20世纪80年代，人类宣布在全球范围内消灭了天花，但几乎与此同时，一种新型的、致命性的传染性疾病——艾滋病被发现，震惊了医学界。到了20世纪下半叶，人类面临的主要疾病已经从传染性疾病转向非传染性疾病，癌症、心脏病、阿尔茨海默病（老年性痴呆）、心血管疾病等成为当今人类健康的大敌。

纵观历史，我们一直都在跟疾病做斗争。虽然每个时代人们的医疗技术与手段都有进步，但是每个时代人类总要面对许多新的疾病的威胁。

3. 公民需要承担的社会责任

疫情之下，没有旁观者。以往，孩子们多是享受着社会所提供的福利，比如优良的教育资源、完备的社会设施等，却很少有机会去承担作为一个公民所需要承担的社会责任。

在这次全民性的疫情面前，我们会发现，每个普通公民的作用同样不可忽视。我们同样有需要去做的事情：

讲究卫生，利己利人。养成良好的卫生习惯，这不仅关乎自己，也关乎别人。少一个发病者，就少一个传染源。我们不仅需要佩戴口罩出行，还应勤洗手、洗脸，注意眼睛、鼻腔、口腔卫生，如果打喷嚏或者咳嗽，请用手肘内侧或衣袖、纸巾等遮住口鼻。

避免恐慌，理性宣传。不要传讹，谨慎"转发"。疫情发生后，一些耸人听闻的谣言开始在自媒体上传播。所以，我们要提醒孩子，转发疫情信息之前多想一下——这个信息是不是权威部门、权威媒体发出来的？是不是有违常理？尤其是那些未经证实的过于"吓人"的消息、说法，更要三思。

履行责任，勇于承担。现在车站、机场，以及公共场所都要检测相关人员体温，我们要告诉孩子一定要配合检测，如果被测出体温异常，应按照相关规定终止出行计划，到医院做进一步检查，而不是心存侥幸，藐视规定。

积极思考，相信科学。"SARS"以后，全国各地都已经建立起一套安全的门诊防控体系，也有一套治疗、抢救方法。我们要告诉孩子，相信科学，树立信心，宣传科学的疫情防控知识，利用这些知识指导自己与家人的实际生活。通过亲身实践来增加知识储备和提升心理承受能力，坦然面对并解决今后生活中可能遇到的各种问题。

4. 学会感恩

武汉市中心医院的护士长唐莎在朋友圈发了这样一段话：哪有什么白衣天使，不过是一群孩子换了一身衣服，学着前辈的样子，治病救人，和死神抢人罢了……不只是奋斗在前线的医护人员，在这场全国人民集体参与的防疫战争面前，很多企业，乃至普通人身上，都展现出了人性的闪光点。

各地政府各部门全力驰援武汉，遏制疫情蔓延；

各行业企业纷纷捐款；

武汉上百家酒店免费为医护人员提供住宿服务；

很多人自费购买了护目镜、口罩等医疗物资寄往武汉……

另外，我们还要感谢我们自己，为了防止疫情大规模蔓延，我们在春节期间，放弃了回家团聚，放弃了走亲访友的拜年，放弃了聚餐聚会，放弃了近乎一切的娱乐活动。这是每个人对社会做的贡献，也同样值得感谢。

5. 学习重点

这次疫情，是一次最好的感恩教育机会。面对疫情，我们根据各个年龄阶段孩子的特点，将每个年龄段孩子的学习重点整理如下：

0～6岁孩子学习重点：

0～6岁孩子需要掌握获取信息的能力，并且建立良好的卫生、生活习惯，学会表达感谢。

养成良好的卫生习惯，勤洗手，勤通风，按正确的方式佩戴口罩；

养成良好的生活习惯，积极运动，充足睡眠；

学会感恩，家长可以跟孩子一起阅读关于感恩的绘本，如《世界真好》《艾薇的礼物》《爱是一捧浓浓的蜂蜜》等，培养孩子的感恩意识。

6～12岁孩子学习重点：

6～12岁的孩子，在知识领域扩展的同时，还需要独立思考，寻求解决问题的方法。家庭中，大家可以就一些问题进行讨论，帮助孩子参与到社会大事件中。

了解疫情的发展史，包括疫情的起因、传播过程、现状、未来可能的发展等；

了解公众防护方案；

了解疫情下，各行业所受影响，以及针对疫情的应对预案；

了解公民责任；

掌握疫情之下，个人的保护方法；

尝试自己做一些宣传方案。

12岁以上孩子学习重点：

青春期的孩子和社会有强烈的联结，通过更深入地了解事件可以提出系统的解决方案，这同时也创造了父母和孩子的沟通机会。我相信，孩子们的方案会让你耳目一新。所以12岁以上孩子可以这样做：

深度了解疫情发展状态，公众反应，各个行业情况以及公民责任；

提出解决方案；

通过落实方案，实现自己应承担的社会责任。

我们每个人的成长都是在无数次的困难和挑战中完成的，生活给了我们无数次成长的机会，我们应该珍惜。

第五课
宅家期间抬头不见低头见，亲子关系怎么处？

北京市教育学会吟诵教育研究分会会长 北京市家庭教育研究会理事
朱畅思

由于疫情的原因，孩子不得不在家学习，家长不得不在家办公，原本一天见面没几个小时的家长和孩子，突然就"抬头不见低头见"了。一天24小时的相处，家长和孩子之间的关系似乎也有了些微妙的变化。

原来爸爸的工作是这样繁忙，电话不断，即使在家办公也很难准时吃饭；原来妈妈的工作是这样有趣，几根线条之间的舞动，就勾勒出了美妙的图案；原来还在上幼儿园的孩子已经会背诵几十首古诗了……对于父母和孩子来说，这是一段难得的时光，可以相互审视和反思。

1. "讨债式"教育要不得

"我强调了很多次要带作业，你为什么不听，这样做对得起我吗？"

"我每天上一天班还要给你做饭，给你花了这么多钱，你要好好学习。"

这些话语是不是很熟悉？没错，这就是典型的"讨债式"教育。

父母出现这种情绪很常见，但是不对的。不解决自己的问题而是向孩子"讨债"，这是家长的问题，不是教育的好方法。家长要向自身"讨债"，因为家长是孩子的榜样，孩子的很多行为都是向家长学习和模仿的，所以言传身教很重要。在良好的家庭环境中，家人会在一起做饭、打扫房间、看书，家长不急躁，孩子才不容易急躁。

教育是温情脉脉的事情，需要用一种温柔的态度来对待。"讨债"不是教育，引导和帮助才是教育。家长要扮演好辅助者、帮助者和护航者的角色。帮助式的心理是教育的根基，理解、扬长是教育的真谛。

2. 教育是等待与陪伴

教育最重要的两件事情，一是等待，二是陪伴。

教育是在考验教育者，而不是在考验被教育者——我们的孩子。

教育的问题大多源自我们成人，我们所焦虑的孩子的问题，要相信随着他的长大会慢慢变好。有了这种信心，再去思考一些帮助他们的办法，去引导、去鼓励、去等待，这才是一种积极和健康的教育。

3. 安静的力量

"静以修身，俭以养德"，这是诸葛亮《诫子书》里最经典的一句话。本来是教育小朋友的，其实对老师和家长来说，也是值得我们学习和思考的。

在父母安静情绪下长大的孩子，即使未来他在漫长人生中遇到大事时，他也会先静下来，再想想怎么办，而不受到情绪影响以致选择用一种极端的方式去解决。一个孩子的气质也是可以在安静的环境中培养的。

4. 有话正着说

有些人说话有个特点，很多时候不是直接表达，而是故意把话反着说。比如"你有事没事啊？没事就不知道给回个微信啊！"这其实是表达关心，但让人听起来不是很舒服，带着一股子的埋怨。

现在很多孩子也有这种表达习惯，说话时习惯用挑衅式语言，讽刺、挖苦、反着说话，容易让大家偏离所聊的事情本身，引起双方之间的争执。而习惯使用这种表达方式的孩子也更容易引起他人的反感，即使他的本意是好的。

所以，我们要养成有话正着说、有事直接说的习惯。消除挑衅式的语言，用正面表达方式与孩子交流，帮助孩子养成一种雅致、稳重的气质。

5. 调动心底柔软的良知

家长不要认为孩子说谎、为逃避惩罚找借口或躲避你就是品质坏的表现，其实，大部分时候只是孩子遇到一个麻烦，他不知道要如何处理。解决这类问题的方式是调动他内心的良知，让他知道不好意思和羞耻。

我们的教育要从这个角度出发，而不是事事都去讲道理、原则，调动孩子内心深处善良的本性会事半功倍。

6. 家族风范

今天的学习到底是为了什么？努力又是为了什么呢？我们原来说是为了学习本身的乐趣，但是学习的过程真的都是快乐的吗？这期间会遇到很多困难，需要我们用坚毅的品格坚持下去。

让一个孩子能够持续努力并获得真正的成功的，应该是一种内在动力，而这种动力或许一定程度上也来自于家族动力。

其实我们每个人都承继着家族的基因，良好的家庭环境和优秀的家风，对孩子的成长是大有裨益的。所以，家庭教育要重视优秀家族风范的传承。

第六课
居家隔离20多天，教会了我们这些

北京市青少年法律与心理咨询服务中心主任、研究员

北京市家庭教育研究会理事 宗春山

突如其来的疫情，让全国人民集体宅家了很长时间。这段特殊的居家期到底教会了我们什么？我们该反省些什么？我们从中学习到了什么？

1.人要健康生存，需要社会交往

人不能与社会隔绝，否则就会憋出毛病。因为人是群居动物，长期封闭的、没有交流的生活，可能会造成一定程度的心理失调！

美国有位社会心理学家，叫沙赫特，他在20世纪五六十年代做过一个人际剥夺实验，要求实验者在一间与外界完全隔绝、没有任何社会信息流入、没有窗户的房间里，独自待一段时间。

为了这个实验，沙赫特开出了每小时15美元的酬劳，并找到了15名志愿者参与实验。大部分志愿者在实验前都觉得很简单：不就是在屋里待着吗？还给钱，何乐不为！

但是，有一个人在2小时后就离开了，有3个人待了2天后也走了，待的时间最长的人也只坚持了8天，而这个待了8天的人

出来时说："如果让我在里面再多待一分钟，我就要疯了！"

还有一个类似的实验是让实验者在100米深的洞穴里独自生活156天，参与实验的这个人毅力强大，他坚持了下来。可是当他出来时，已经神情呆滞、举止失常，成了一个彻头彻尾的精神疾病患者。

科学家的实验证明，人作为社会动物，离不开与他人的交往，而良好的人际互动是保持心理健康的重要条件。

2.家庭关系，是我们最重要的人际关系

每到过年，无论我们身在何处，无论是挤火车还是开摩托，都一定要回到家里和家人团圆。这是中国人的一种归属和期盼，因为春节是中国人最重要的节日。但恰恰在这样一个特殊的日子里，新型冠状病毒肺炎来了！但是这场疫情也让我们有了一个给亲情补课的机会。我们经常在外面忙于工作、事业，我们嘴上常常说是为了家人和孩子，其实很多人已经忘记了初心！所以，这场疫情也让我们有机会回归家庭，重温亲情。

我看到一个段子特别的好：

请家里负责吃饭的同志认真阅读如下公告：

非常时期本着能让自己和其他家庭成员可以按时吃饭的原则，请善待家里负责做饭的人，照顾好他的情绪，不要惹他生气，坚决做到他做什么我们吃什么，禁止发表一切对饭菜味道的评论，必须光盘，必须心存感激。

这个段子用调侃的方式反映了一种真挚的情感和需要：我们平时太忽略我们身边的亲情，太忽略团圆的机会了。所以，我们

常常最对不起、最挑剔、最常指责的就是我们的亲人。

3.珍惜亲子陪伴的机会

平时大家都是手机控、工作控。现在大家都待在家里，所以，我们要好好地陪伴家人，尤其是孩子。比如，陪他打乒乓球、聊天、玩游戏、回忆童年趣事……这些都是很好的陪伴活动。

绘本《停电以后》讲的就是这样的故事：在美国纽约，有一个四口之家。在一个闷热的夜晚，大家都在家里忙着自己的事情——看电视，上网，打电话，等等。有一个小女孩，她很想和大家玩儿，可是大家都认为自己很忙，拒绝了她。就在这个时候突然停电了，大家开始没有反应过来，短暂的沉默之后都发出慌乱的叫喊声。人们抗拒黑暗，但是停电了没办法。很快大家发现，因为停电，在黑暗中反而彼此之间的关系变近了。大家围着蜡烛聊天，借着蜡烛的光影在墙上做投影游戏，一家人还站到楼顶上去仰望星空。我想现在的疫情就像停电一样，给我们提供了在陪伴中感受亲情的力量的机会，同时唤醒了我们内心深处对亲情的温暖记忆。

4.养成良好的生活习惯

平时对很多大人和孩子来说，常洗手都是个容易被忽视的事情，不少孩子还爱吃地摊食品、垃圾食品。那么现在我们要借这个机会，告诉孩子养成良好生活习惯的重要性，用现实来教育孩子，比我们讲大道理管用得多。

5.我们要补一堂生命教育课

说到这儿，给大家讲个小知识：

第一次世界大战导致了几千万人的死亡，但一场突如其来的瘟疫——西班牙流感，却造成了比战争更多的死亡，甚至逼停了这场世界大战。可见，我们肉眼无法看见的病毒有着多么大的威力，一堂认识生命、敬畏生命的生命教育课显得尤为重要。

第七课
特殊时期，如何培养孩子的抗逆力

首都师范大学教师教育学院院长

教授、博士生导师 田国秀

前几天，我们被一则新闻吸引，被一位年仅8岁的男孩感动了！小男孩在提及坚守战"疫"一线的父母时，忍不住哭了，当他被问到怎么调节自己时，孩子说用深呼吸的方式。这个画面让我们隔着屏幕都感到心疼！不由得对他发出赞叹，这么小的孩子竟然如此坚强和成熟！

对于一个人来说，面对困难时的能力和状态是至关重要的。当下，面对突如其来的新冠肺炎疫情，我们应该如何帮助孩子调整心态，缓解焦虑的情绪，这是父母应当关注的问题！

我们无法选择生活的时代，但是我们必须具备适应这个时代中各种情况的能力。我认为，抗逆力就是这个时代的孩子必须具备的一个能力。

1.抗逆力日趋成为孩子教育中的重点

当今世界充满风险、危机与挑战，不确定性成为常态。没有孩子能躲避得了逆境，每一个孩子在其生命历程中，都会经历一些重大的挑战。你能帮他一时，但却无法帮他一辈子。对于父母来说，有意识地培育孩子的抗逆力是非常有必要的。锻炼孩子的抗压力、抗挫折力，培养孩子在不确定的风险面前具有抵御风险的能力，是一种先进且超前的意识和觉悟。

2.如何培养和提升儿童的抗逆力

家长要激活和培养孩子的成就动机。

第一，从历史感入手。00后、10后的这些孩子都出生在改革开放之后，出生在富裕程度、发展程度和开放程度都较好的新时代。他们缺少对中国几千年厚重历史、灿烂文明的了解。必须把他们放在特定的历史时空范围内，让他们对中国历史和空间有更加深切和透彻的认知，为更广阔的时空和更多人的利益去读书和学习。

第二，从时空感入手。相比较纵向的历史感而言，时空感更具横向维度。换句话说，要让孩子知道与他同时代的人是在一个什么样的社会状态下生活，有什么样的生活条件，他们有哪些生活上的困难……比如，家长可以跟孩子在地图上指出武汉的位置，讲述武汉的历史。告诉他，武汉暴发疫情的时候，可能只是这座城市生病了，但武汉人民很坚强，同时很多人都在帮助它，它一定会痊愈的。

第三，从时代感入手。每一个人都是特定时代的产物，都可以享受这个时代的资源，也要去承担这个时代的责任。让孩子知道历史上的今天是什么样子的，别的国家此刻是什么样子的，孩子带着这种时代感，形成思考自己的学习动力、关注他人的精神动力。

家长要培养孩子学会承担责任。

随着社会整体生活水平的提高，很多孩子在承担责任方面的机会反而减少了，家长要有意识地、主动地培养孩子承担责任的能力，培养和引导孩子做一个有温度的人、有感染力的人。

我们的工作可能看起来是平凡而普通的，但是当这份工作和一个国家的命运，甚至和一个民族的荣誉紧密地连在一起时，就会发现这份工作不仅仅是一份普通的工作，它很可能会影响全世界，影响几代人。

家长要在家庭生活中，利用一些巧妙的生活场景，让孩子有意识地去承担社会责任。

抗逆力强的孩子具备哪些特征？

抗逆力强的孩子具备"5C+1C"的特征，其中5C(Character，Confidence，Competence，Caring，Connection)分别是良好的个性、自信心、胜任力、关爱他人的能力和人际交往的能力。

显然，这是一个递进的关系，良好的个性是最基础的，只有当一个孩子有了良好的个性，他才能在此基础上树立自信心，才有能力去解决问题，才有能力去关爱别人，也才能跟别人建立起良性的、积极的、建设性的人际连接。

1C(Contribution)，指的是贡献。的确，当一个孩子个人能力强，具有良好的个性，又有能力去跟别人建立积极的关系时，他才有能力向社会贡献自己的一份力量。他就可以通过自己的能力去赢得资源，通过自己的能力去连接周围的资源和社会系统，进而通过团队合力做好一件事。在有能力爱护别人的前提下，建立积极的、良性的社会网络，从而为社会做出应有的贡献。

亲子陪伴篇

第八课
疫情期，升级我们的亲子相处之道

首都师范大学学前教育学院院长 北京市家庭教育研究会副会长

康丽颖

2020年新春佳节到来的时候，新型冠状病毒肺炎从武汉开始席卷全国。与往年寒假不同的是，不仅孩子放假在家，相当多的父母也因疫情停工、停业休假在家。亲子因疫情隔离有了更多的相处时间，但是很多年轻父母在期待疫情早点结束的同时，也希望早点复学复工，因为家里的"熊孩子"让他们着实体验到了什么叫相遇容易相处不易。如何在疫情期，做到高质量、愉快的陪伴，学会亲子相处之道变得迫切。

1. 保持"在一起"状态

因疫情父母和孩子都被圈在了家里，家庭以外的所有活动被取消了，孩子出不去，父母也居家办公。父母和孩子的活动全天候地聚集在了有限的居住空间里，除了父母职业生活上的努力，为家庭生计奔波的一面，他们还看到了特殊时期父母居家生活的另一面，亲子之间没有形成活动与交流的"场"，让父母和孩子都觉得不自在和无奈。如何保持"在一起"状态，要考虑以下3个方面：

一是父母和孩子一起划定好每天休闲与学习的时间段。孩子写作业、复习功课时，父母或阅读，或在家办公，给人生充电，让自己也进入学习和工作状态。

二是营造和谐互动的文化氛围。在吃饭的时候，可以讲各自生活学习的感悟，阅读的心得体会，培育餐桌文化；一起做家务，明确分工，分享生活小妙招，形成家庭凝聚力；一同休闲娱乐，健身益智，陶冶情操，培养共同的爱好或习惯。

三是让居家生活具有仪式感。法国童话《小王子》里讲，仪式感就是使某一天与其他日子不同，使某一时刻与其他时刻不同。父母和孩子可以点燃蜡烛，为疫区祈福，祝福大家平安健康；也可以为孩子的第一次（如学会走路、学会写字、学会下棋和学会做饭等）留影留念，制作电子相册；还可以为家庭成员学会了某一项技能，工作上取得了一些成绩，家居环境得到改善等举杯庆贺。

2. 学会换位思考

父母与孩子因疫情宅在家里，要学会相互理解，要读懂孩子，了解孩子的需要，也要让孩子试着了解自己。

首先，要根据孩子成长的需要进行换位思考。马斯洛把需要分成生理需要、安全需要、社交需要、尊重需要和自我实现需要5个层次。父母在满足孩子最基本的生理需要、安全需要的同时，还要考虑如何满足孩子渴望被认可、被信任、被尊重的需要。

其次，帮助孩子在家庭生活中获得发展性需要的满足。比如让孩子参与家务劳动，并对他的劳动态度和能力进行肯定，让孩子在掌握和提高劳动技能的同时获得自我实现感。

最后，要根据孩子的个性特点进行适时适度的养育，做到顺势而养，乘势而育，纠偏而行。

3. 做到相互关爱

中国人讲患难见真情，在疫情期间，党和政府的努力、医务工作者的牺牲奉献、社区志愿者的辛勤付出、普通老百姓的自律，都体现了人世间的温暖和关爱。在家庭生活中，父母有责任让孩子懂得感恩他人的付出，并身体力行地学会关爱家人、关爱朋友和需要帮助的人。

家庭成员之间要相互问候，比如不与老人住在一起的家庭，可以每天通过电话、微信等通信手段问候老人，相互报平安，并让孩子参与问候。

对孩子而言，学会关爱不仅需要父母的行为示范，还需要家长的引导和强化。鼓励孩子力所能及地为家人提供服务，比如为爷爷奶奶倒杯茶，为父母洗个水果；照顾身体不舒服的家人。

父母可在自身条件允许的情况下，参与社区疫情防控活动，并给孩子介绍参与活动的感受，让孩子体味到关爱他人的幸福感和愉悦感。

第九课
开春第一课

《父母必读》杂志主编 北京市家庭教育研究会秘书长　恽梅

　　2020年的春节、2020年的春天注定是会被我们的记忆所留存的。

　　因为一场疫情，因为一段比以往更为漫长的假期，很多原本的计划被打乱。取而代之的是，更多的时间，我们需要待在家里，和孩子在一起，和家人在一起。有些闷？是的。有些不适应？当然。

　　可是，当静下来时，我们会发现，这是一段非常独特且会深刻影响我们未来生活的经历：沉静、简约以及更为自律的生活。

　　这个假期，我们无疑离柴米油盐更近，离家人更近，离我们的社区、我们的城市更近。

　　在这些日子里，我们除了关注健康，关注实时的疫情资讯，我们还可以和孩子一起认真地培养出这样一种能力——创造性设计生活的能力。

　　做一份时间管理表；

　　和孩子一起读几本好书；

　　设计一些可以在家中玩的游戏；

　　打电话给家中的亲友、老人，陪他们聊聊；

　　帮助社区做一些力所能及的事情；

　　……

　　给家庭关系、亲子关系做一次升级，给生活的内容做一次升级。

　　这个春节，这个春天，新冠病毒给我们上了一课——人与自然和谐相处的重要性，而我们能教会幼小孩子的还有很多，比如面对困境时应具有什么样的生活态度。

　　不是诅咒黑夜，而是亮起明灯，父母积极乐观的生活态度永远是孩子最生动的教材，也是这个春天最好的一课。

　　克服恐惧，在一个人一生需要学会的各种知识中，是最难掌握的，也是回报最高的。无论付出多少代价，无论当时的过程多么痛苦，每一次克服恐惧的胜利，都会在下一次给人以信心和力量。

　　我们的生活永远充满无法预知的难题，但面对这些难题的态度，却是我们可以选择的。

　　相信在这个春天，孩子一定会看到，会记住。

　　希望春暖花开时，开春这一课也被留存在生活中，被记忆所留存。

　　面对疫情，你是否感到恐慌、失措或者愤怒？孩子是否也因此感到疑惑或者不知所措？疫情面前，我们更要学会帮助自己和孩子应对压力。以下是15条让自己和孩子保持良好心态的建议：

　　（1）在危机的情况下，感到悲伤、紧张、不安、困惑、害怕或者暴躁都是正常的。

　　（2）与信任的人聊一聊会有帮助。

（3）如必须待在家中，请保持健康的生活方式。包括正常的饮食、睡眠、锻炼，并与家人朋友通过社交平台和打电话的方式进行联系。

（4）不要抽烟、喝酒或服用其他药物来缓解自己的情绪。

（5）如果感到无法应对压力，请与医疗人员或心理咨询师联系。制订计划，以确保清楚地知道在需要时可以去哪里以及该如何寻求心理健康援助。

（6）获取真实信息。收集有助于您准确判断风险的信息，以采取合理的预防措施。谨慎辨别信息来源。

（7）减少观看或收听你认为会感到不愉快的媒体报道，从而减少烦恼和焦虑。

（8）用你以前应对逆境的方法来帮助自己在此次疫情暴发时期管理情绪。

（9）面对压力，儿童的表现往往与成人不同，比如他们可能会变得更加固执、胆怯，生气或者焦虑不安，甚至出现尿床情况等。大人需要用支持的方法应对孩子的反应，倾听他们的担忧并给予他们更多的关注和爱。

（10）在危机时期，孩子更需要大人的爱与关怀。请给他们一些时间和比平时更多的关注。

（11）请聆听孩子讲话并与他们轻声交谈，让他们安心。

（12）如有条件，让孩子适当玩耍放松。

（13）尽量让孩子与父母或者家人在一起，避免孩子与监护人分开。如果孩子不得不与家人分开（比如住院），请确保通过电话等方式定期与孩子联系，让他们安心。

（14）尽可能保持正常的生活习惯，或在新的环境中调整生活习惯，包括上课或学习，以及安全地玩耍和放松。

（15）告诉孩子发生了什么，解释当前的情况，并用孩子可以理解的方式清楚地告诉他们如何做可以降低被感染的风险。此外，还需要告诉他们有可能发生的情况，比如家庭成员或孩子可能因为感到身体不适，需要去医院一段时间，因为医生可以帮助他们恢复健康。

第十课
宅在家里和大自然"亲密接触"
——疫情下的亲子自然教育活动

中华女子学院儿童发展与教育学院副院长 北京市家庭教育研究会常务
理事 陈虹

"儿童是自然之子",自然孕育了童年,滋养着儿童成长。童年总是和美好的自然联结在一起。孩子们最爱在大自然中玩耍,在阳光照耀下的绿草地上奔跑,在潺潺流水的溪流边戏水;在小草丛里发现小蜗牛,在树下看蚂蚁;在雨天里踩水,在雪天堆雪人,打雪仗;观赏月亮的阴晴圆缺,感受四季花开花落。大自然中有着永远都玩不过来的游戏。自然的奥妙和独特性总是能不断激发孩子的好奇心和探索精神,也深深触动孩子和大人的心灵。体验和感受自然的美好与生命的珍贵,学会善待自然,敬畏生命。大自然也给人们带来愉悦和放松的心情,对于人类的心理和情绪有着很好的疗愈作用。

由于疫情的到来,孩子不得不留在家中,暂时中断了户外活动,无法到大自然中玩耍游戏。孩子因为不能外出而哭闹,家长也可能因为宅在家中,在和孩子朝夕相处中出现焦躁和压抑的情绪。那就和孩子一起在家中与大自然"亲密接触"吧。这既是享受亲子相处,放松和愉悦心情的好方法,更是让孩子感受自然和

生活的关系，
开展生命教育
的良好时机。

1. 观察花草
的生长

闻一闻花

香，用放大镜观察绿萝叶子的花纹、仙人掌的刺，观察海棠花绽
放的过程，用手机拍一张植物的美照。和孩子一起讨论：你喜欢
哪种植物呀，它们长得有什么不一样？哪个更美？照片放大后看
到了什么？让孩子感受任何生命都有精彩之处。

2. 一起来种植

找一个容器把蒜头泡在水
中，放在向阳的窗台上。每天
测量蒜苗的身高，画一画，记一
记，制作一本"蒜苗宝宝的成长
日记"。

此外，萝卜、生姜、洋葱等
常见的食材都可以成为水泡的植
物。通过每天的照料，家长和孩

猜一猜：这是什么花？原来就是白
萝卜的花朵啊！

子一定会惊叹植物的生命力：原来萝卜开的花是这样的呀，生姜
开的花真好看。

3. 花草创意制作

捡拾收集花盆里掉落的叶子和花朵，制作花草的标本：将完整的落叶或落花放在厚书里压平，每隔几页压一片。等叶子或花朵的水分完全被吸干后，把它取出用透明胶纸固定在白纸上就做好啦。和孩子一起用花草拼接粘贴出任意想要的图案，再一起来欣赏吧！

4. 照顾小动物

让孩子负责给家里养的小鱼、小虾、小乌龟等小动物喂食，换水。观察它们的颜色、样子，在鱼缸里是怎么活动的，学学小鱼游，乌龟爬，来一场亲子动物模仿秀。

5. 阅读自然类绘本

让孩子读一读自然类绘本。有空的时候家长可以和孩子一起读，讨论一下绘本里的内容。

《彩虹色的花》《小种子》《数不清！大自然的生物多样

性》《种彩虹》《小莲的花草四季》都是不错的自然类绘本，家长都可以在网上找到。

6. 在音乐和影片中感受大自然

在美妙的大自然类的音乐和生动的影片中，和孩子一道约会自然，拥抱自然，可以听听歌手吴金黛的《森林狂想曲》，也可以带孩子一起观看《地球：神奇的一天》《美丽中国》《园林——长城之内是花园》这些纪录片，投入大自然的怀抱，和自然做好朋友吧！

春天总会来临，在这个特殊的时期，让我们和孩子从欣赏身边的一草一木、照顾小动物开始，一起感受自然万物之美。将敬畏生命、尊重自然的理念根植于孩子心中，静候花开，期待在大自然中尽情玩耍嬉戏的那一天。

第十一课
父母如何做到有效陪伴？

首都师范大学家庭教育研究中心副主任 北京市家庭教育研究会理事

王东

在当前预防新冠肺炎疫情的社会背景下，随着2020年春节假期延长、中小学延期开学和全民居家防疫措施的落实等，无形中为不少家庭提供了更多的亲子共处时间，为父母的陪伴也提供了一次机会。

然而，与孩子同处一室是否就是陪伴呢？父母待在家里，是否就能有效陪伴子女了呢？套用一句时下的流行语："我不要你觉得你在陪我，我要我觉得你在陪我！"

父母可能觉得自己在家时间多了，子女的需求能及时得到自己的回应就是陪伴，孩子为此应该满足才对。然而，孩子可能并不领情，他们理解的陪伴并不是父母空间上时时在场，也并不是时间上父母的即时回应。

如何让孩子感受到父母的陪伴呢？这首先不是一个策略问题，而是一个意识问题。

1. 在与孩子的交往中，父母需要真诚

如果是真诚地想陪伴孩子，父母应合理安排作息时间，保证

充足的睡眠，让自己有充沛的精力与孩子互动。

但是当下不少父母经常熬夜，微信群、朋友圈里的时间显示不少父母凌晨一两点还没有休息。父母自身做不到早睡早起，又如何要求孩子做到呢？更为重要的是，熬夜的父母白天哪有充沛的精力去陪伴孩子？

因此，父母想让孩子感受到他们的真诚陪伴，首先要善待自己，合理安排作息时间，坚持不熬夜，确保白天以精力充沛的状态与孩子相处。

2. 在与孩子的相处中，父母要尊重孩子的独立地位

陪伴的本质是一种平等关系，父母与孩子的关系平等是陪伴的前提，否则，陪伴就演变成管教。

生命个体自母体诞生之后，在任何一个年龄阶段，都以独立自主为发展目标。正如蒙台梭利提出的"儿童首先想要在能够自主完成的行为中从成人那里得到独立，而且明显表现出不希望得到他们帮助的意愿"。

所以，在有充足时间与孩子相处的时候，父母需要将培养孩子的独立性作为亲子互动的前提，在陪伴中尊重孩子的要求，理解孩子的诉求，避免居高临下对孩子形成自上而下的压力。否则，再多时间的相处，孩子感受到的也只能是更多的管教，而不是陪伴。

3. 陪伴是为了了解孩子，建立与孩子真正亲密的关系

父母在血缘上是孩子最亲的人，父母对孩子的爱也是世界上

最无私的爱，然而这些并不能保证父母与孩子之间就可以建立起真正亲密的关系。

当孩子碰到困难了，是否愿意第一时间向父母求助？孩子心中的秘密是否愿意向父母敞开心扉？我想很多父母是不能给出确定答案的。在孩子的成长过程中，很多时候缺少真诚的陪伴，孩子难以产生对父母的信任感；缺少共情的陪伴，孩子难以将父母看作最亲密的人。

父母对孩子的陪伴是充分了解孩子的机会，并通过陪伴建立起与孩子真正亲密的关系。只有亲子关系真正亲密无间，父母对子女的教育才能畅通无阻，家庭教育才能实现预期目标。然而，现实中不少父母将陪伴狭义地理解为督导孩子写作业、指导孩子学习，要知道与孩子一起玩耍、一起闲聊、一起做孩子喜欢做的事情也是一种重要的陪伴。

特殊的社会情境，给予了父母与孩子独处的时间，也是父母反思陪伴的契机。陪伴不是一种满足既定目标的手段，它是父母真诚的付出、耐心的倾听、与孩子一同成长。有效的陪伴才能建立起父母与子女间真正亲密的关系，父母和孩子都将从这种亲密关系中受益。

第十二课
放下手机，特殊时期孩子更需心灵陪伴

北京市家庭教育研究会常务理事 北京教育科学研究院早期教育研究所
原所长 梁雅珠

面对严峻的疫情，我们不得不宅在家里，年幼的孩子可能不明白这么做是为了什么。随着时间的推移，孩子长时间憋在家里，往往会出现一些心理问题。在成人之间不经意间的对话和交流中，流露出来的一丝丝焦虑和不安，也或多或少地传递给他们。

孩子是敏感的，尽管他们说不清楚发生了什么，但周围发生的一切会让他们产生不安的情绪。"为什么不能去幼儿园？为什么不能出去玩？这么好的雪天，为什么不能出去堆雪人？"一系列的为什么会从他们的小脑袋中产生。

面对这个非常时期，保护好孩子的心理与保护好孩子的身体健康同等重要。如何帮助孩子排解不良情绪，消除他们的不安？我想给家长们一些建议：

第一，保持平和的心态和积极乐观的情绪，给孩子一个安宁的生活环境。不在孩子面前流露出恐慌、焦虑的情绪，从容面对疫情，相信政府，相信国家，我们一定能战胜疫情。

第二，引导孩子有规律地生活，用心陪伴他们。放下我们的

手机，多与孩子沟通交流，合理安排生活作息时间。和孩子一起玩游戏，看图书，做家务，看好看的电视节目，充实的生活会让孩子保持好心情。

第三，开展动静交替的活动，保证孩子的运动量。长时间待在家里，孩子的运动量不足，也会使孩子躁动不安。我们可以有意识地安排一些运动量大的活动，根据房间大小安排一些动静交替的活动。比如给孩子制作一个小墩布，安排孩子参与家务劳动。还可以带孩子跳简单的舞蹈，或者模仿小动物的运动操等。

第四，遇到问题不急躁，对待孩子要宽容。长时间的陪伴，家长也会有一些烦躁情绪，尤其是面对好动的孩子时，家长的容忍度是有限的。对孩子发脾气显然是不好的，那么我们要做的是对孩子有更多的理解和包容。要知道，孩子长时间窝在家里，对他们来说的确是个不小的挑战。

我们要有足够的耐心去陪伴他们，遇到孩子不听话时，要不急不躁，多讲道理，从立规矩开始，一点一滴地要求他们。不急功近利，不急于求成，因为任何一个好习惯的养成都需要一个过程。

妈妈的一个笑脸，是孩子心灵最好的安慰剂。爸爸温柔的话语，是孩子内心安全感建立的动力。面对疫情，我们要和孩子在一起，用我们强大的身躯保护好孩子。与此同时，我们更需要用我们强大的内心为孩子筑起一个安宁的港湾，让他们像往常一样，有快乐，有欢笑，有幸福……

让我们在一起，和孩子相互拥抱。珍惜这段日子，它不仅给予我们一些挑战，还带给我们许多新的思考。告诉孩子，病毒并不可怕，只要我们把自己保护好，待在家里不乱跑，这些可恶的病毒终将会被我们消灭掉！

孩子的成长不能等待！面对突如其来的疫情，我们要有好心态，在家陪孩子，先把手机收起来。孩子的吃和睡，精心安排。每天有游戏，玩得要痛快。读书讲故事，孩子最喜爱。锻炼身体，勤做家务，每天都要动起来！高高兴兴在一起，让生活丰富又多彩。寒冷的冬天就要过去，美好的春天一定到来！

第十三课
"宅"而不"荒"，和孩子一起做好时间管理

中国青少年研究中心科研管理部副主任 北京师范大学学校文化研究中心研究员 洪明

抗击疫情的最好办法是切断传染途径，于是全民不得不过上隔离或半隔离的生活。活动空间窄了，交往对象少了，活动内容少了……这样的生活对大人都是个很大的考验，何况孩子？许多家长反映，孩子在家觉得很无聊，很空虚，很烦躁，许多孩子整天打游戏、玩手机、看电视，小一点儿的孩子死缠着大人，搞得家长也焦头烂额、不知所措。

德鲁克说，时间是最高贵而有限的资源，不能管理时间，便什么都不能管理。如何管理好孩子的时间，如何教育孩子管理好自己的时间，这是宅家"抗疫"阶段摆在家长面前的迫切任务。

1. 要让孩子知道自己要干的事情

寒假延长了，还是寒假吗？这个问题是做好宅家"抗疫"阶段时间管理的第一个问题。

2020年这个寒假很特殊，它包括两部分，前半段是正常的寒假（大概一个月），后面原本该开学但没有开学的部分属于延

长的寒假。延长的寒假已经不属于原来意义上的寒假了，它属于新学期的特殊阶段，这一点家长和孩子都要清楚。这个阶段的关键当然是防止疫情扩散，做好各种防护工作，但日常还是要认真学习和规律生活。

教育主管部门已经明确，延迟开学，但"停课不停学"。主要学什么？当然是新学期要学习的内容，只不过是通过开辟"空中课堂"的方式进行授课，我们可以称之为学校开课、在家学习、家长监督。这与过去那种学校开课、在校学习、教师监督的教学方式截然不同，对家长提出了巨大的挑战，家长要在老师的指导下督促孩子学习。

2. 重点做好自主时间的管理

孩子宅在家的时间大概分为两部分。一部分是学校安排的固定时间。这段时间里的学习内容和进度学校已经安排好了，每天的学习时间表也已经列了出来，学生在家只要像平时上课一样按部就班学习即可。这段时间内学生要达到什么样的学习效果、如何检查学习情况等工作，一般都由老师负责，家长主要是负责督促，所以这部分时间管理比较好办。

另一部分是留给孩子和家长的自主时间。虽然有的学校对这部分时间安排可能给予了建议，但学习和活动的内容与方式最终是由家长安排执行。由于不能出门，孩子的活动内容会受到很大限制，如何安排好孩子的活动对家长来说确实是个挑战。

家长应该尽可能地打破各种限制，想办法丰富孩子的生活，比如亲子游戏、亲子共读、家务劳动、网上兴趣小组、网络才艺展示等。家长要评估疫情风险，适度谨慎地到人员少、安全性高的地方开展户外活动。

3. 列出任务清单非常关键

　　无论是学校规定的时间，还是家庭自主时间，在家长这里都要整合在一起统筹安排。先要制定一个周计划，即一周内每天的大致时间安排（类似于周课表），在此基础上，重点要制定一个每天应该完成的任务清单，任务清单一定具体、详尽、科学、可执行，要孩子知道每一天的各个时段都要干什么。

　　每日任务清单大致是作息时间表和学习时间表两部分的结合，作息时间表就是每天的生活起居的时间安排，如起床、洗漱、吃饭、学习、娱乐、家务、休息等。学习时间表以学校"空中课堂"安排的课程表为主体内容，确定要学习的内容与进度，具体的内容和顺序是不一样的，如周一上午的学习内容是语文、数学、品德，周二上午可能会是数学、英语、体育，每两节课之间会有短暂的休息时间，用于上厕所、准备学具或放松等。

　　学校规定的学习之余，便是自主安排时间，根据孩子的兴趣和需要，家长可以和孩子一起，利用一切可能利用的资源，为孩子安排丰富多彩的活动。

4. 坚决落实计划

　　计划如果不能执行就等于零，为了执行好计划需要做到以下几点：

　　第一，计划要公开。

周计划和每日任务清单要公示、张贴出来，绝对不能停留在口头上，这如同学校里的作息表和课程表需要公布一样，不能完全指望孩子自觉，必要时要让孩子读出来，签上字。

第二，执行要严。

每天要对任务完成情况进行检查，在完成的任务后面画"√"，对于未完成的一定要注明原因和补救措施，督促孩子及时补救；检查任务时要鼓励孩子先自查，再检查；开始阶段要多检查，进入常规形成习惯后要少检查，以后变成抽查，还可以申请免于检查。

第三，营造氛围。

计划结果要充分讨论，夫妻要相互配合，做出决定时充分听取孩子的意见。家长要带头做好防护，保持良好的生活习惯和学习习惯，积极配合学校，帮助孩子解决学习中的问题。

第四，定期召开家庭会议或与孩子的恳谈会。

家庭会议既是重要的家庭民主形式，也是重要的家庭仪式，宅家学习生活计划等重要的决定要经过家庭会议讨论，孩子的心声要通过恳谈会听取。

第十四课
大事件后，关注孩子的心理紧张

中国人民大学心理学系教授 博士生导师　雷雳

2020年春节暴发的新冠肺炎疫情，可能是孩子经历的第一次重大事件。不能出家门的困惑，紧张的社会氛围，焦虑的父母，电视里每天播放着的医院的画面，经常听到"死亡""危重"这样的字眼……这些都不是随着疫情缓解就能即刻得到疏解的，还可能会内化在孩子的心里，变成一种长期的紧张，甚至创伤。

1. 怎么知道孩子需要帮助？

观察孩子平时的状态，比较明显的症状有做噩梦、尿床、饮食或睡眠障碍、成绩下降、攻击性行为增加、出现极端行为、疏离家庭和朋友等。其他的症状可能有变得安静、退缩，如果是青少年的话，阅读的时间可能比以往变多，不像从前那样愿意出去和朋友玩。青少年的父母需要特别注意的是，孩子的这些表现极易被忽视，因为这些表现很可能恰恰是父母所希望从孩子身上看到的。

2. 提供孩子宣泄焦虑的渠道

在大事件发生后，要花更多的时间和孩子在一起，允许他在之后的几个月里可能会出现的行为退缩，比如更加黏人，害怕单独睡觉，等等。最重要的是保持日常活动的规律性，帮助孩子恢复安全感。我们需要提供孩子宣泄焦虑的渠道：比如通过一些家庭游戏来释放孩子的紧张，如画画，鼓励孩子画出他害怕的东西，也可以鼓励他画出美好的东西。

另外，也可以给孩子一些助人行为的建议：比如可以捐些钱给相关的救助基金会、花钱买些救灾物品寄给需要的人。鼓励大一点的孩子表达他的想法和感受，或者是给灾害的幸存者、救灾者等写一封信，这些信不一定非要寄出，但是写出来，就可以释放孩子的担忧和消极的情绪。

3. 让孩子感受到自己是受到保护的

孩子的焦虑和紧张是由内在的担心和害怕造成的，因此要通过不同的方式，让孩子放下担心和害怕，感受到自己是受保护的。

首先，父母应该先尽力让自己平静下来。要知道，父母担心或焦虑时，孩子会感受到，父母紧张，孩子就会变得更紧张。可以告诉孩子大人也会害怕，但是可以强调大人只是比他感到害怕的次数少一些。

其次，要和孩子一起制订好计划，让孩子知道，如果他的周围发生糟糕的事时，他该怎么做。比如该给谁打电话，或该上哪儿去求助。可以给孩子一个夹子，里面写好一些重要的名字、电话号码，让他时刻带在身上或放在书包里，以此来增加孩子的安全感。

最后，因为孩子在重大事件发生后，往往会非常关心自己的安全，所以要反复向孩子表明，家人会做好一切措施来保护他的安全，让孩子确信即使发生了糟糕的事，他也会得到照顾。

重要提示：当我们已经对孩子的心理紧张和因心理紧张而出现的一些行为问题无法解决的时候，可以及时向专家或专业的心理机构进行求助。

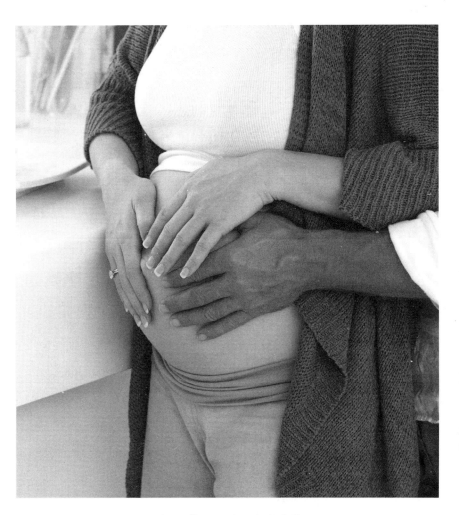

孕产母婴篇

第十五课
疫情之下，该如何母乳喂养宝宝

北京大学第一医院妇产科 北京大学妇儿保健中心　周敏

自2019年12月在湖北省武汉市陆续发现新型冠状病毒肺炎患者以来，疫情逐渐蔓延。特别令家长们忧心忡忡的是，不断有确诊的儿童病例。

国家卫健委在2020年2月初发布了《关于做好儿童和孕产妇新型冠状病毒感染的肺炎疫情防控工作的通知》，其中明确指出儿童和孕产妇都是新冠肺炎的易感人群。

在2020年8月发布的《新型冠状病毒肺炎诊疗方案（试行第八版）》中，除了明确人群普遍易感染外，新型冠状病毒感染的患者和无症状感染者也可能成为传染源。这让人们有种病毒似乎"无处不在，防不胜防"的感觉。

那么，除了注意筛查流行病学史与加强个人防护以外，对于有母乳喂养宝宝的家庭，需要特别注意哪些问题呢？

1. 当产妇是疑似或确诊新型冠状病毒感染者时

对于疑似或确诊新型冠状病毒感染的孕妇分娩的新生儿，因目前还不能确定存在母胎垂直传播的可能，也不确定母乳中是否含有新型冠状病毒，以及治疗药物是否会通过乳汁影响宝宝，而且在母乳喂养的过程中，是否还可能会有接触性感染的风险，因此建议宝宝出生后隔离至少14天，并且要与疑似感染或已感染的妈妈分开隔离，且此时不推荐母乳喂养，应用适合的配方奶粉人工喂养。

建议这些妈妈在产后隔离或治疗期间，定期挤出乳汁，做好乳房护理。虽然挤出的乳汁不能喂给宝宝，但可以刺激泌乳，保持乳腺导管通畅，减少乳汁淤积，预防发生乳腺炎。这样当新妈妈疑似感染被排除或者确诊被治愈后，就可以用母乳喂养宝宝了。

2. 当家庭成员中有新冠肺炎确诊病例的密切接触者时

目前建议密切接触者应从和病人接触的最后一天算起，居家医学观察至少14天，例如：宝爸的单位有人确诊，宝爸为密切接触者，这种情况如果宝爸在家隔离，就要确保宝爸在通风良好的单人房间里隔离，共享区域如厨房、卫生间等也要经常通风消毒。

哺乳期的妈妈可以继续母乳喂养宝宝，但妈妈和宝宝要与宝爸住在不同的房间。居家条件不允许时，家庭成员与居家隔离的密切接触者要至少保持1米的距离。

同时，注意正确佩戴口罩、勤洗手，咳嗽或打喷嚏时要用纸巾或手肘遮挡口鼻，之后及时洗手或手臂，避免共用生活用品，衣物、床品、家具表面及厕所、浴室等也要进行清洗消毒。

3. 当家庭没有任何异常时

对于绝大多数没有任何可疑异常情况的家庭来说，一定要鼓励和支持新妈妈坚持母乳喂养，尽量做到6月龄内纯母乳喂养，6月龄后在合理添加辅食的同时，继续母乳喂养到2岁及以上。

目前阻断病毒传播也就是隔离和增强身体抵抗力这两项最行之有效的防控措施，而母乳中富含免疫调节物质，对提高宝宝抵抗病毒的能力有很大帮助。此外哺乳期的妈妈身体状态尚在恢复中，也需要保证营养均衡、睡眠充足和适当的身体活动，同时调整心态，保持良好情绪，这些既有利于乳汁分泌，还能增强自身抵抗力，为宝宝撑起健康的保护伞。

4. 疫情防控期间母乳喂养特别提示

家庭成员加强个人防护。

1岁以内的宝宝不宜佩戴口罩，应以被动防护为主。妈妈给宝宝喂母乳时要佩戴口罩、洗净双手，保持局部卫生。

儿童均应尽量避免外出，看护人和其他家庭成员外出回家后，先洗手、更衣再接触宝宝，尽量不要亲吻宝宝，更不能对着宝宝咳嗽、打喷嚏、呼气等，全家人都要养成良好的卫生习惯，注重"咳嗽礼仪"。

妈妈、宝宝或其他家庭成员一旦出现发热、咳嗽等呼吸道感染症状时，应及时就医，并注意隔离防护。

确保家居环境卫生安全。

妈妈、宝宝居住的房间要保持舒适的温度、湿度；经常开窗通风，通风时妈妈、宝宝应在另外的房间，避免冷风直吹。

　　尽量减少看护人员，减少亲友探望的次数。对宝宝的物品、玩具、餐具及必要时需使用的奶瓶、奶嘴等都需按不同方法适当清洗消毒。

　　保证营养均衡，增强抵抗力。

　　中国营养学会妇幼营养分会新近发布了《新冠疫情防控期间妇幼人群居家膳食/喂养指导建议》，其中特别提示哺乳期妈妈的食物种类应比普通人群更丰富。（普通人建议每天摄入12种以上、每周25种以上的食物）

　　哺乳期妈妈每天需保证摄入200～250克的鱼禽肉蛋类食物，300～350克谷薯类主食，300～500毫升的奶量，400～500克蔬菜，200～400克水果。

　　特殊时期，为了减少外出采购的次数，可以优先购买冷冻的肉类；蛋类注意挑选较新的生产日期；乳类如果不能确保低温冷藏，可以选择常温灭菌包装的牛奶或者奶粉等；蔬菜优先选择耐储存的绿黄色根茎类蔬菜、茄果类蔬菜及干的菌菇类蔬菜等。

　　注意要确保食材新鲜、安全，按需常温、冷藏或冷冻保存，肉、禽、蛋充分煮熟。注意餐具、厨具生熟分开，用后及时彻底清洗、消毒。

　　另外，按照疫情防控减少外出的要求，宝宝不能获得室外阳光暴露，应及时足量补充维生素D每天400～800国际单位。

　　哺乳期妈妈如果食物受限，不能摄入富含维生素A和胡萝卜素的食物时，建议给宝宝补充维生素A，以增强肠道和呼吸道的抵抗力。

第十六课
新冠肺炎来袭，送给孕妈妈的8个专业提醒

首都医科大学附属北京妇产医院围产医学部主任医师　王欣

在当下这个全民开展疫情阻击战的非常时期，作为特殊群体，孕妈妈面临着既要避免人群聚集，又要到医院进行产前检查的难题，难免会出现一些焦虑情绪。

本文将就目前孕妈妈较为关注的8个问题做一堂科普课，希望孕妈妈看过后能更加胸有成竹地面对疫情。

1. 孕妈妈如何进行有效防护？

目前所知的传染源主要是新型冠状病毒感染的患者。无症状感染者也可能成为传染源。根据新型冠状病毒的传播方式，最主要的防护方式就是隔离。一是少出门，少去人多的地方；二是出门戴口罩；三是勤洗手；四是进门更衣、换鞋。

孕妈妈的防护也和大家一样，少出门，戴口罩，勤洗手。由于妊娠期，孕产妇的免疫系统会发生一些变化，例如对胎儿抗原的耐受，还会出现一些免疫亢进现象，这些改变目前还不能精准地预测和解释。比如，孕产妇横膈上抬，潮气量减少，呼吸次数增加，肺血流增加，肺间质体液增加，这都是孕产妇特有的变化。这些变化，在受到新型冠状病毒的侵袭时，又会对身体造成哪些特殊的损害，目前尚不得而知。因此，孕产妇的防护尤为重要。

2. 去医院做产检，要注意哪些事项？

如果必须要去医院，又应注意什么？医院里，就诊人员来自四面八方，不同人的手可能会触摸同一物品。因此，孕产妇去医院除佩戴口罩外，最好佩戴一次性手套；衣着应该尽量简单，便于穿脱。

比如，前两天见到一位孕妈妈，里面穿着毛衣，外面直接套了一件一次性雨衣，袖口敞着，穿脱衣物时，手忙脚乱。这样是起不到防护作用的，毛衣容易起静电，吸附空气中的飘浮颗粒，穿脱或活动时，宽大的雨衣外表面，也会接触到毛衣，这样反而增加感染的机会。

孕产妇到医院后，应配合医护人员的询问，告知医护人员是否有疫区接触史，家人是否有发热现象或疫区接触史。这样做的目的，既为了保护孕产妇，及时发现病情，又为了使医护人员及时做好防护，继续服务就诊人员。

如果孕产妇已经发热，就一定要到医院检查，应先确认自己建档的医院，是否有发热门诊。如果有疫区接触史或为疑似病例，应主动到定点医院或有发热门诊的医院就诊，以免耽误时间，贻误治疗。

3. 产前检查有哪些不能错过?

产前检查是发现和诊断胎儿异常的重要措施,通过定期的产前检查,能够发现绝大多数的异常。通常情况下,医生会为孕产妇进行预约。妊娠28周以前,没有并发症的孕产妇会每4周检查一次;妊娠28周以后,每2周检查一次;而到了妊娠36周以后,则每周检查一次。这样做的目的是及时发现胎儿异常,适时终止妊娠,保证孕产妇和胎儿的安全。

在当前这个特殊阶段,是不是一定要按照预约时间去医院呢?或者由于某种原因,不能按照预约时间去医院怎么办?每一项产前检查都是在一定阶段进行的。妊娠早期,可以在停经6~8周进行超声检查,目的是核对孕周;胎儿颈项透明层是在妊娠11~14周进行;唐氏筛查是在妊娠15~20周进行;第一次系统超声检查应在22~24周进行;糖耐量检查应在24~28周进行;第二次系统超声检查安排在妊娠28~34周;妊娠34周后可以定期进行电子胎心监护。每个阶段都有可以灵活安排的时间,所以孕产妇可以进行适合自己当前状态的调整。

但要考虑到一些医院就诊孕产妇众多,超声检查要提前预约,当准妈妈错过了预约时间,就要重新预约,不一定会随去随检查。

4. 宅家期间,如何控制孕期体重?

疫情期间,大家响应国家号召,为尽快扑灭疫情,减少新型冠状病毒传播,都尽量不出门。那么,孕产妇如何管理自己的体重呢?

由于宅家期间活动明显减少，因此饮食上要格外注意，严格控制高热量食品的摄入，特别是膨化食品、巧克力、奶茶、油炸食品等。如果家里有运动器械，也可在跑步机上适度锻炼；身体情况允许，宅家中进行简单的孕产妇瑜伽锻炼也是一种不错的选择。还有就是可以做上肢运动，两手各握持一瓶250毫升的矿泉水，进行上举运动，每次15分钟左右，一天两次。

5. 宅家期间，如何进行自我监测？

妊娠6周后，一些孕产妇会出现呕吐等早孕反应，如果不是呕吐特别严重，可以不到医院治疗。首先，要从思想上明确，早孕反应是正常的妊娠表现，一般不超过14周。其次，要合理进食，每次不要多吃，做到少食多餐。妊娠20周左右，多数人会感觉到胎动，但这也不是绝对的，会因人而异。

另外，妊娠20周以后，应该每周测量血压，如果发现血压升高，应该及时到医院就诊。妊娠28周以后，进入了围产期，这时候出生的孩子存活的概率很大，因此，自我监测也变得非常重要。妊娠28周以后应该每天自测胎动，早、中、晚各一小时，时间固定，一小时内胎动至少3次。也可以使用远程胎心监护，监测胎动时的胎心变化，到医院就诊时将已经做好的监测图表打印出来交给医生阅读，这样也避免了在医院做监护时的人员聚集。

曾经有一位高龄孕产妇，已经妊娠36周了，准备回老家分娩。临走前一天的下午就诊，发现胎儿稍微有点小，医生告知其回老家后一定要每日监测胎动，如果每小时少于3次就要去医院。另外，因为胎儿偏小，宫缩时不一定能够完全耐受一时的缺血缺氧。结果次日清晨，在病房又见到这位孕产妇，已经剖宫产。新生儿体重2200克，没有窒息。询问原因，就是产前检查结束回到家后，晚上发现胎动减少，立即来院，复查监护，发现异常立即剖宫产。术中见到羊水III度，脐带多重缠绕，如果没有及时来院，也许就发生胎死腹中的悲剧了。

还有些妈妈担心妊娠晚期羊水会减少，会导致胎儿宫内缺氧，这种担心是不必要的。如果没有妊娠并发症，没有胎盘功能的减退，羊水量是不会轻易减少的。妊娠中期以后，羊水的主要成分是胎儿的尿液，每天胎儿都会排尿，只不过是刚排完尿，羊水就会多些，长时间没有排尿，羊水量就略微少些。

6. 临产的征兆有哪些？

有些接近预产期的孕产妇十分担心自己判断不了临产的表现，延误去医院的时机。其实，大多数孕产妇会在妊娠38周以后临产。常见的先兆临产症状包括：见红、破水和宫缩。见红实际上是因为有轻微的宫缩，牵拉子宫下段，导致胎膜表面的小血管破裂，或者是胎膜和子宫壁之间发生很小的错位，进而出现极少量的出血现象。大多数孕产妇在见红后48小时内会临产，也有一部分在之后相当长的时间里都不临产，所以见到少量血性分泌物时，请不要慌张。

第二条常见症状是"破水"，即在宫缩发动前，羊膜破裂，羊水流出，这也不用过于担心。如果是经产妇，由于宫口较为松弛，会担心脐带脱垂，而初产妇在没有宫缩的情况下，宫口通常是闭合的，发生脐带脱垂的可能性也不大。但是为了充分保证胎儿的安全，一旦破水，还是建议孕产妇平卧，待家人整理好入院物品后，立即来院。

最典型的临产症状是宫缩，表现为阵发性腹痛，间隔逐渐缩短，疼痛程度逐渐增加。请注意，这里强调"逐渐"。宫缩是从轻到重，不会一开始就发生难以忍受的剧烈疼痛，所以即将分娩的孕产妇也不必过于焦虑。初次分娩的孕产妇，从间隔4～5分钟一次的宫缩到最终分娩，通常需要10个小时左右，不用着急；但经产妇就不同了，一旦出现规律的宫缩，在几个小时内就会分娩。所以，经产的妈妈，一旦出现宫缩就要尽快来院。

7. 临产期安全到医院的流程

出现了先兆临产的症状，应该怎么办呢？首先，收拾好住院期间可能使用的物品和衣物，带好身份证、社保卡，到医院相应的门诊或急诊。其次，接受分诊，测量体温，询问疫区接触史。这一点也请孕产妇放心，并不是一有疫区接触史，医院就不收治了，主要是根据检查的情况将有疫区接触史的孕产妇单独接诊，在分娩和住院期间与其他孕产妇隔离，会有专人护理和治疗。

以北京妇产医院为例，经过体温测量和疫区接触史的询问后，就要检查血压、脉搏、胎心，核对孕周，检查宫缩情况和宫口扩张情况。根据宫口扩张的程度，收入病房或产房。有时半夜来到急诊，宫口尚未扩张，又被告知病房暂无床位，孕产妇就不免担心。其实，这也不用着急，如果已经进入产程了，急诊的医生和护士会安排您直接进入产房待产。如果没有那么紧急，等到白天，计划出院的孕产妇离院后，经过消毒的病房，就等您入住了。

8. 疫情期间，分娩前后家人能否到医院陪同？

以往，为了让孕产妇的心理得到慰藉，医生和助产士都建议丈夫陪产。每天下午，病房也会安排家人探视时间。但在疫情期间还能不能陪产和探视呢？

首先，我们知道，在疫情期间最重要的是防止病毒在人与人之间传播，产房是一个公共区域，如果每一位孕产妇都有家人陪伴，无疑增加了单位面积的人员密度，也增加了NCP（新型冠状病毒肺炎）感染机会。因此，在这个特殊阶段，每一位孕产妇都需要做出个人的牺牲，保证产房的洁净，减少产房中的感染风险，但请孕产妇放心，我们的助产士和医生会尽最大的可能帮助和陪伴你们。

病房的探视更是如此，每一位进入病房的家属，都穿着暴露在外环境中的衣服，可能会增加感染的风险。所以，也请产前准妈妈和产后妈妈们理解，值此特殊时期，还是尽量减少探视的人员和缩短探视时间。

以上就是作为一名产科医生想在疫情期间告诉准妈妈和妈妈们的一些事情，在此也祝每一位准妈妈平安度过疫情时期，平安分娩出健康的宝宝。

第十七课
疫情当前，宅在家中的孕妈妈如何科学地动一动？

首都医科大学附属北京妇产医院 围产医学部主任医师，产一科副主任

邹丽颖

疫情当前，孕妈妈宅在家中，保护自己和宝宝的同时，也为疫情的控制做出了贡献，值得点赞！

但是，宅在家中不代表"瘫"在床上，更不能"黏"在电视和手机上，适量的家务、适当的运动、合理的饮食、与家人的交流……其实，还是有很多可以做的事情。今天我们就来说一说这诸多事情中很重要的一件——孕期宅在家中如何进行科学运动。

孕期的运动，既有利于孕妈妈保持体重上的合理增长，避免妊娠期糖尿病、妊娠期高血压的发生，又能帮助孕妈妈保持体力，以承担后期宝宝不断增重带来的"负担"，同时，也为"最后冲刺"时的顺利分娩打下基础。

运动前孕妈妈应该对自己的情况做一个初步评估，以判断是否有运动的禁忌证。一般来说，大多数的孕妈妈都可以做一些适当的运动。

但是，当孕妈妈有腹痛，阴道流血、流液等不适情况，或者有宫颈机能不全，前置胎盘、胎膜早破、早产史等运动禁忌证时，孕

妈妈的运动就要在医生指导下，制订个性化方案后再进行了。

1. 适合孕妈妈的4种居家运动推荐

第一种，哑铃操。

每天可进行10～20分钟的哑铃操，孕妈妈适合用1千克左右的小哑铃，这种有氧运动在提高肌肉耐力的同时也可以提升基础代谢率。

如果因身体原因不适合站立举哑铃时，也可以尝试坐位或卧位进行。如果家中没有哑铃，孕妈妈们不妨用同等重量瓶装矿泉水代替。

第二种，孕妇操或孕妇瑜伽。

孕妇操或孕妇瑜伽动作相对舒缓，种类较多，孕妈妈可根据自身情况进行选择，由简入繁，动作上不必过度强求，以没有出现身体不适为宜，运动至微微发汗即可，不宜过度。

第三种，散步。

散步是适合几乎所有孕妈妈（有上述禁忌证的孕妈妈除外）的运动，即使疫情原因无法外出散步，孕妈妈也可以考虑在家中散步。比较理想的散步时机是饭后休息30分钟后。时间以30分钟左右为宜。

第四种，快步走。

家中有跑步机且以往一直有运动的孕妈妈也可以充分利用跑步机，可以在跑步机上以每小时5～6千米的速度快步走，以身体微微发汗、没有出现不适为宜（孕妈妈在跑步机上运动时，需要有家人在一旁保护）。

2. 不推荐孕妈妈的4种运动

第一种，游泳。

游泳本身是比较适合孕妈妈的运动，但由于目前疫情的特殊性，游泳池是一个公共场所，而游泳过程中无法进行好的防护措施，故在特殊时期不推荐。

第二种，负重运动。

负重会增加孕妈妈屏气用力的机会，增加腹腔内压力和对盆底的损伤，故孕期不推荐。

第三种，下蹲运动。

随着孕妈妈腹部越来越大，下蹲运动会增加腹部受压的情况，易诱发胎膜早破、胎盘早剥等并发症，危害母儿健康。此外，任何有可能挤压孕妈妈腹部的运动在孕期均不推荐。

第四种，爬楼梯。

很多孕妈妈认为爬楼梯有利于分娩，其实，这是没有科学依据的。

在能走平地的情况下，不推荐孕妈妈爬楼梯，一方面，上下楼梯的运动稳定性差，另一方面，上下楼梯的运动也会给孕妈妈的骨盆带来负担，尤其是对有骨盆痛的孕妈妈来说，有可能加重疼痛。并且，尚没有证据证明孕妈妈爬楼梯优于散步及快步走等运动。

最后，一定要说明一下，孕妈妈的运动一定要循序渐进，因地制宜，量力而行，运动以微微出汗，心率稍增快且5分钟内能恢复，身体没有不适为宜。

孕妈妈既往的运动情况不同，怀孕后对运动的耐受情况也会有不同，运动时间和强度不宜一概而论，应根据自身情况逐步增加运动量。

宅在家中的孕妈妈动起来吧！适当的运动，不仅有利于健康孕育，更能在这段"宅"的日子里愉悦身心、释放压力，使孕妈妈以积极、健康的心态和强健的体魄走出疫情阴霾，迎接宝宝的到来。

第十八课
为疫情中的准妈妈准备的
心理调适呼吸疗法

同济大学附属东方医院临床心理科主任医师　　孟馥

新冠肺炎疫情来袭，不仅阻止了很多人外出的步伐，也让准妈妈这一特殊群体不得不宅在家中。

在妊娠期间，因为生理上的变化，准妈妈多少都会出现一些情绪和行为上的变化，情绪上可能会出现紧张、焦虑，还会担心胎宝宝的发育是否正常，同时伴有失眠、多疑的行为。再加上对疫情的恐惧、不能出门的不便等这些特殊时期带来的影响，无疑会让准妈妈的情绪更加波动。

每到此时，一些准妈妈会担心自己的负面情绪和行为变化是不是不正常。其实，当孕期遇上疫情，准妈妈的情绪变化是一种自我保护机制，适度的焦虑可以调动全身的能量，既可以让身体适应环境的变化，也可以调配多个方面的资源，帮助身体顺利度过特殊时期。因此，准妈妈一定要正视自己的负面情绪和行为，并找到有效的缓解方式。

1. 孕期的情绪变化会受到孕激素的影响

在怀孕期间，由于孕激素的影响，大多数准妈妈会变得多愁善感，一点点小事情也可能会使她们激动落泪；有些准妈妈可能会变得烦躁易怒，不可理喻。除此之外，准妈妈身体的变化，如妊娠纹、黄褐斑、体重增加等，也会让她们变得不自信。

2. 海量的疫情信息会干扰判断力

随着网络媒体的发展，准妈妈接收信息的渠道越来越多。如果准妈妈每天不停地浏览大量亦真亦假的信息，或者在短时间内浏览到大量负面信息，会在不知不觉中影响准妈妈的心情。有时候，这些负面信息还会放大准妈妈对未知的恐惧，她们变得越来越焦虑不安，并与自身产生联系。这些负面信息慢慢地渗透，准妈妈自身心理资源也会很快被耗光，感到内存不足、自我效能感降低。

3. 规律生活被打乱会影响行为举止

特殊时期，准妈妈的规律生活被打乱了，不能出门，不能购物，没有什么和其他人面对面交流的机会。每天宅在家中，平时积累的矛盾会很容易凸显出来。如果此时，准爸爸还不能做到善解人意，或者一味指责准妈妈，准妈妈的抑郁心情会更加严重。

4. 有效缓解准妈妈负面情绪的方法

坚持良好的生活习惯。

规律的生活作息更容易保持身体的健康，避免免疫力的下降。所以，一日三餐以及加餐不仅要固定，还要营养均衡。早睡早起，不熬夜，适当午休。此外，为了控制体重增长，尤其是处在孕晚期阶段的准妈妈，要坚持每天完成定量的运动。

筛选信息源和传播途径。

现代社会信息爆炸，而特殊时期，从大量信息里辨别真假是一件非常消耗精力的事情。这时，准妈妈应该主动屏蔽非可靠渠道的信息，远离负面信息，有选择性地关注官方媒体的相关新闻就可以了。

线上保持和家人、好友的联络。

在特殊时期，准妈妈要记住自己并不是一个人，除了爱自己的老公，还有父母、亲戚和朋友们。虽然闷在家中，但是现在通信发达，还是有很多联络方法的，准妈妈一样可以为自己营造一个温馨轻松的氛围。比如准妈妈可以充分运用网络，在家族群里聊聊天；或者打开视频，和好友聊聊自己餐桌上的美味，不仅愉悦了心情，亲密关系的质量也会得到进一步提升。

5. 简便、有效的呼吸疗法

当准妈妈有紧张、焦虑等情绪时，脉搏加速，呼吸也加快。而深呼吸可以帮助准妈妈减缓呼吸速率，使身体相信焦虑已经过去。

正确的呼吸训练方法如下：保持一个舒服的姿势，不要驼背，放松身体，把你的肺想象成一个气球，用鼻子长长地吸一口气，把"气球"充满气，保持2秒钟。再用嘴慢慢地呼出气，学会腹式呼吸后，开始计时，让呼吸进一步变慢。用4秒的时间吸气，再用4秒的时间呼气。吸气腹部膨胀，呼气腹部收缩。

在深呼吸的过程中，你的脑海里要摒除一切杂念，专注在呼吸这件事上，如果能够保持每天3次那就最好不过了。

健康营养篇

第十九课
家有宝宝，如何免遭病毒侵害

知名儿科医生 北京市家庭教育研究会常务理事　崔玉涛

连日来，我们听到、看到很多有关疫情的消息；每天，都有大量新增的感染病例。起初，感染者多为中老年人，随着疫情的进展，儿童感染者也在逐渐增加，年龄最小的甚至出生刚30个小时！专家开始考虑母婴垂直传播的可能……

评论里的父母越来越不淡定了——孩子自我保护能力差、抵抗疾病的能力差，可他们又不懂疫情的严重性，很难控制自己的行为，该怎么保护他们？为此，我们需要了解如下问题：

1. 什么是飞沫传染和接触传染？

飞沫传染是通过病人口腔中的飞沫把病毒带出来，比如病人打喷嚏、咳嗽时，如果有人与病人距离较近，飞沫就会进入他的呼吸道，因而被传染上。

接触传染是指病人如果打喷嚏的时候用手捂着嘴，又不洗手，他的手上也会带有病毒，他的手接触到的地方都会染上病毒，其他人又接触了这些地方，因而被感染。

呼吸道传染病都具有飞沫传染和接触传染的特点，并非新型冠状病毒肺炎特有。所以，戴口罩、勤洗手是预防呼吸道传染病的有效手段，可以避免飞沫传染和接触传染。

2. 粪口传播是怎么回事？

粪口传播不是马桶传播，而是指带有病毒的粪便接触了其他水源或物品之后，又被人接触到了，又"吃"进去了，因此被感染的过程。马桶不会逆行传播，粪口传播是医学的词，其实就是消化道传播。粪口传播是别人传给你，不是自己传给自己的。

3. 孩子出门如何做好有效防护？

没有必须出门的情况，孩子不要出门。如果必须出门，一定要给孩子戴好口罩。

如果孩子不爱戴口罩，或者坚持的时间不长，家长可以这样做，在空旷人少的室外，把口罩摘下来，呼吸一下新鲜空气；但在电梯里、超市里一定要让孩子戴好口罩，这样戴口罩的时间短一些，孩子也容易坚持。如果在空旷的地方也让孩子戴口罩，等到回家进电梯后，孩子因为戴口罩的时候长了，在电梯里把口罩摘下来，反而麻烦了。因为我们要躲避的是1.5米之内被飞沫传染的可能性，电梯窄小，又是密闭空间，是重点防控的地方。

4. 孩子不愿意戴口罩能不能出门？

戴口罩是防止感染的重要手段，特别关键，不光是保护自己，也是保护别人。不戴口罩就等于把自己暴露在病毒面前。如果不想孩子被感染，出门一定要戴口罩。如果孩子不愿意戴，那就不能出门！现在没有万全之策。

5. 是不是一定要用N95的口罩?

不一定，因为这种口罩密闭太好，让人呼吸起来比较费劲，会减少人对口罩的耐受性。有的人因为口罩太憋，时而会拉开一点喘口气，这样反而容易感染。一般的外科口罩只要戴严实了，就可以起到保护作用，而且这样的口罩戴起来不会让人觉得呼吸费劲，大家的接受度高，效果反而会好。

如果没有儿童型的外科口罩，那就要让孩子尽可能待在家里，不外出。

6. 是不是口罩越厚防护效果越好?

口罩并不是越厚防护效果就越好，正确戴口罩是关键。不建议戴两层口罩，因为两层口罩之间无法做到完全密闭，不能做到二合一，这样反而会出现问题。外面的口罩包不严实的话起不到什么作用，还会影响到里面的口罩，导致里面的口罩防护不严实，更容易感染。

7. 口罩可以多次使用吗?

这要分情况。如果是短时间内使用，如去楼下扔垃圾或者出去买个菜，这样的口罩下次还是可以用的，折好后放在干净的口罩密封袋里就可以。如果口罩使用的时间比较长，或者去过高危环境，接触过高危人群，也就是说存在口罩被污染了的情况，就得摘了以后用塑料袋密封好扔掉。所以，外出的时候，不仅要戴口罩，还要随身带一个干净的口罩密封袋。

8. 孩子在家里待不住怎么办？

特殊时期，在家待不住也要待，这是没办法的事。因为疫情再蔓延的话，威胁到的是每个人的健康，如果你不按要求做，保证不了自己的安全，也保证不了大众的安全，所以每个人都要自觉地维护公共健康，其实这不只是为大家，也是为自己。

越是特殊时候，越是特别需要公众意识的提高，因为老百姓是很重要的一股力量。公共健康最怕出现这样的情况：人们都希望自己能够正常地生活，又希望别人能够为疫情结束而努力，那怎么缩短疫情的时间？疫情已经影响到了每个人的生活，我们每个人都要去承担，都要去面对，我们不需要去一线直面病毒，我们也没有被隔离，在这样的情况下，家长努力帮助孩子去适应待在家里的日子，尽量克服不便，就是对国家最好的配合，就是在维护公共健康，就是为了孩子以后能在阳光下无忧无虑地奔跑在努力。

9. 天气好的时候，做好防护可以带孩子下楼透透气吗？

不建议这样做。面对疫情，没有万无一失的防护，否则就不会有那么多人被感染了。既然有风险，就尽量不让孩子去冒这个险。以前家长都说工作忙没时间陪孩子，为什么不利用这个机会，好好陪孩子在家玩呢？如果你在家只顾玩手机，孩子当然会觉得无聊，也会过多地看电子产品，如果家长用心地陪孩子玩，读绘本，做游戏，一起做家务……在家同样也能很快乐。

10. 既然下楼透气也有危险，那是不是不能开窗通风了？

不建议带孩子下楼，并不是说室外的空气有病毒，会导致孩子感染，这是一个误解。我们一定要知道，所有的感染都和病毒的密度有关，为什么感染都发生在密闭的地方？因为病毒在单位空间里的密度高，所以感染的概率大。而在开阔空旷的地方，空气流通，即使有病毒，也会被充分流通的空气所稀释，密度极低，不会被感染，所以建议大家尽量待在家里的同时，要经常开窗通风。

不能下楼透气，是因为在下楼的过程中，需要坐电梯，而电梯是密闭、窄小的空间，使用的人很多，感染病毒的可能性比较大。而且外出时必然会接触到不少人，人与人之间的距离如果比较近，也容易感染。

11. 待在家里如何做防护？

如果是无接触史的人，踏踏实实地在家待着，能不出门就不出门，像平常那样做清洁打扫就可以了，这就是对防控疫情最大的配合和自身防护。要想让疫情最快地得到控制，大家就要做好自己该做的事情。

12. 可以每天用兑消毒剂的水擦地防病毒吗？

防护要科学、理性。在疫区需要消毒，因为疫区有病毒，而无接触史的家庭是安全的，没有病毒，所以不需要用消毒剂消毒，也不需要在家戴口罩。

一般家庭使用消毒剂清洁，不仅对人的呼吸道有很大的伤害，而且对消化道、皮肤都有伤害。如果因为害怕病毒传染，就天天用消毒剂，很可能出现没有被病毒感染，却让消毒剂伤害了全家人的后果。用消毒剂擦家具、地板和玩具后，残留的消毒剂会在空气中挥发，随着人的呼吸进入到呼吸道，对呼吸道造成伤害。而残留在家具、玩具表面的消毒剂被孩子摸到，他又拿东西吃或吃手，就会把消毒剂吃到肚子里，对肠道菌群造成伤害。如果家长使用这种方法来预防疫情，可能会导致疫情过后，过敏、湿疹、喘息的孩子数量激增!

13. 家长外出回来要注意什么？

家长外出办事买菜回来后，大家都知道要做好防护。但有些细节要提醒下大家：首先要将外衣、外裤回来后翻折起来，也就是内里朝外，放在近门口处或通风的地方，不要带到卧室里。然后洗手、洗脸、漱口，再和孩子玩。

另外，开车外出时，在空旷的地方可以打开车窗，呼吸新鲜空气；尽量避免从楼上坐电梯下到地库，开车去购物，回来后又直接从地库坐电梯上楼回家，这样一直在密闭的空间里，反而容易感染。

14. 听说电梯按键、门把手等也会传播病毒，出门时是否需要戴手套？

外出时戴手套可以避免接触传染，也可以随身带几张纸巾来代替手套，每次拿一张纸巾出来按电梯，然后折叠好放进塑料袋里，最后一起扔掉就可以。这样比戴手套方便，也安全。如果一次性手套不贴手，不仅不方便，也容易掉，戴乳胶手套又不透气，如果外出的时候长，还可能导致皮肤受损，更容易引起感染。

我们所有的防护都是为了健康，在相同的效果之下，可以采用更简单易行的方法，这样可以避免因烦琐的程序而导致过于烦躁、焦虑，进而影响到孩子的心理。

15. 坐飞机、火车能吃东西喝水吗？

把口罩摘了，就没有了防护。飞机火车是密闭空间，是需要戴口罩的。这时候摘下口罩，失去了防护措施，就有被感染的可能。但是旅途较长的话，又很难一路不吃不喝，所以无论乘坐飞机还是火车，都有成为B类人群（即与病人有相关接触史的人）的可能，因为你不知道你这趟航班或车厢里有没有感染者。所以回家后要好好在家隔离14天，别外出，以免出现使别人成为B类人群的可能。

第二十课
疫情过后，别让娃宅成了小胖墩

中国优生科学协会常务理事　中国优生科学协会小儿营养专业委员会
常务副主任委员　北京市家庭教育研究会理事　蒋竞雄

　　网上流传这么一段话：等疫情一过，要么养出一群胖子，要么饿出一群瘦子，要么憋出一群疯子……，希望我们不属于其中任何"一群"。

　　可是长期宅家对孩子来说可是个考验。平时精力旺盛的孩子们运动量相当大，幼儿园又有严格的营养配餐。现在天天宅在家里，不能出去撒欢了，还处于多吃少动的状态，等疫情过了，难免不多出几个小胖墩。

　　疫情当前，要特别提醒爸爸妈妈，注意孩子的体重管理，这对保证孩子长久的健康很重要。同时，为了避免孩子感染呼吸道疾病（新冠肺炎、流感等），日常饮食、生活还要注意什么？

1. 勤喝水
　　呼吸道传染病主要通过呼吸道传播，口腔和咽部黏膜是防御致病物质的第一道防线，黏膜良好的水合状态可增强第一道防线的功能。

　　建议：少量多次喝温开水，每次2～3口，每半小时左右喝一次，避免喝甜饮料，不要用果汁、菜水代替白开水。婴幼儿一般不会主动要求喝水，家长应定时给孩子喝水。观察尿量、排尿频次和尿的颜色可判断喝水是否足够，尿的颜色淡黄、1~2小时左右一次、每次100毫升左右或以上，为喝水适量的简单判断方法。

2. 饮食均衡适量

儿童每天的饮食，至少应包括含蛋白质、碳水化合物和维生素的食物，其中蛋白质类食物有助于增强儿童抵抗力。

建议：1岁以上儿童每天喝奶500毫升、吃蛋1个、吃肉类50克，可基本满足蛋白质摄入量的需要。碳水化合物包括各类主食和水果，适量即可，无须多吃。维生素类食物包括各类蔬菜，每天需要吃适量。少吃油炸、煎炒食物，避免上火。一旦出现口腔黏膜溃疡、牙龈发炎、咽喉肿痛，都可能增加疾病感染的风险。

3. 避免体重过度增长

疾病传染时期，儿童户外活动减少或受限，居家时间增多，会减少儿童能量消耗、增加进食的机会，易导致体重增长过多。

建议：家长每天为儿童称量体重，3岁以上儿童，每月体重增长平均值为0.1千克，可根据儿童体重增长情况调整主食、水果等含糖食物的摄入量。可选择儿童适宜的室内运动方式，促使儿童每天达到一定运动量。

4. 保持肠道健康

人体抵抗力的80%来自肠道，维持良好的肠道健康状况是增强抵抗力的基础。可以通过儿童排便状况简单判断肠道健康状况，6个月以上儿童如果每天都有成形黄软便，说明肠道基本健康。对于便秘的儿童，可以采取适当多吃含纤维素较多的蔬菜或服用益生菌制剂的方法。

5. 补充适宜的营养素

维生素A、维生素D均可增强机体免疫系统的功能，但维生素D几乎没有食物来源，维生素A也难以单纯从食物获得足够的量。因此，建议儿童每天补充预防剂量的维生素A、D制剂，如每天补充维生素D400～800国际单位、每天补充维生素A1500～2000国际单位。儿童运动量的减少，可导致钙流失增加，建议儿童在进行适宜的室内抗阻力运动（如跳绳、踢毽子、原地蹦跳等）的同时，适当增加钙剂补充，如每天补充200～300毫克钙元素。

6. 避免过度使用消毒剂

听从相关专家建议，家庭适度使用消毒剂即可。在儿童生活环境和儿童用具上过度使用消毒剂，可增加儿童过敏的风险。

7. 其他预防措施

其他预防呼吸道传染病的措施，如避免带孩子去人多的场合、勤洗手、居室通风、避免近距离用口鼻接触儿童脸部皮肤、外出戴口罩等，听从相关专家的建议。

专家寄语篇

珍惜当下与孩子共处的时光

北京市家庭教育研究会副会长 父母必读养育科学研究院院长 徐凡

在这个不得不宅在家中的时刻，希望家长朋友能够珍惜当下与孩子共处的时光，努力将目前所遇到的种种不利情况转化为帮助孩子成长的积极资源，父母积极乐观的生活态度永远是孩子最好、最生动的教材。祝全家幸福、安康！

《父母必读》杂志主编 北京市家庭教育研究会秘书长 恽梅

在这个特别的假期里，我们不妨有意识地主动选择生活方式，认真地培养一种创造性设计生活的能力。做一份时间管理表，选择几本书、几部好看的电影，一家人可以一起玩游戏……给亲子关系、夫妻关系做一次升级，给生活的内容做一次升级。生活永远充满无法预知的难题，但面对这些难题的态度，却是我们可以选择的。相信孩子一定会看到，并且会深深地记住。

高高兴兴在一起，让生活丰富又多彩

北京教育科学研究院早期教育研究所原所长 北京市家庭教育研究会常务理事 梁雅珠

孩子的成长不能等待！面对突如其来的疫情，我们要有好心态，在家陪孩子，先把手机收起来。孩子的吃和睡，精心安排。每天有游戏，玩得要痛快。读书讲故事，孩子最喜爱。锻炼身体，勤做家务，每天都要动起来！高高兴兴在一起，让生活丰富又多彩。

积极的行为示范和积极的情感传递都会滋养孩子

中国科学院心理研究所研究员 北京市家庭教育研究会理事 李甦

非常时期给我们与孩子的交流提供了特殊的时机。父母的积极应对，积极的行为示范和积极的情感传递都会滋养孩子。祝所有的爸爸妈妈和孩子都健康平安！

相互陪伴，相互倾听，让彼此心里的阴霾在交流中消散

父母必读养育科学研究院研究员 北京市家庭教育研究会理事 唐洪

各位爸爸妈妈、爷爷奶奶、姥姥姥爷：大家这段时间顶着各种心理压力照顾孩子、照顾家庭，辛苦了！尤其是各位爸爸妈妈，既要照顾家里，又要忙工作上的事，在特殊时期还要克服各种不便，是很不容易的，抱抱！疫情还会持续一段时间，还需要我们坚持。希望我们能够相互陪伴，相互倾听，让彼此心里的阴霾在交流中得以消散，迎来阳光。

踏踏实实陪伴孩子，过一段无与伦比的亲密时光

中国期刊协会数字期刊分会秘书长 北京市家庭教育研究会理事 谭海燕

这个特别的春节假期，难得家人长相聚。作为爸爸妈妈，不妨踏踏实实陪伴孩子，一起阅读、做手工、看纪录片、玩游戏、做运动、做家务……将阴霾挡在家门之外，无须闹钟催促的斗室生活一样要井井有条、丰富多彩。相信在将来的回忆里，无论是父母还是孩子，这都是一段无与伦比的亲密时光。

这一路上，我们需要知识，需要勇气，需要爱

父母必读养育科学研究院秘书长 北京市家庭教育研究会副秘书长 刘国平

人生充满了不确定，这一路上，我们需要知识，需要勇气，需要爱。这个不平凡的新春，和孩子一起待在家里，互相陪伴，积极应对。今后，无论遇到什么困难，孩子都会想到此刻爸爸妈妈带给他的力量。祝大家健康平安！

学习官方疫情防控知识，掌握正确的防控要点

知名儿科医生 北京市家庭教育研究会常务理事 崔玉涛

在疫情防控的特别时期，希望大家通过学习官方疫情防控知识，掌握正确的防控要点，不听信小道消息，不信谣、不传谣，尽可能保证每天定时室内通风或使用新风系统。

正确使用家庭消毒方法，不要过度使用消毒剂。使用消毒剂后要用清水再次擦拭，避免儿童接触到残余的消毒剂。

尽可能少出门。遇到孩子出现不适症状时，可采用线上问诊的方式。问诊前做到全面简明总结式介绍，不自作主张给孩子使用处方类药物。

让我们携手打赢这场没有硝烟的战争！祝大家身体健康，平安快乐！

如何帮助孩子减少焦虑不安的情绪

北京人民广播电台节目主持人　北京市家庭教育研究会理事

孙怡（小雨姐姐）

面对疫情，家长应该如何帮助孩子减少焦虑不安的情绪呢？

家长需要先调整好自己的情绪，只有家长的心定了，孩子才不会慌乱。家长可以利用家里现有的娱乐、体育设施，和孩子一起唱唱歌，一起做做瑜伽。或者找出之前的玩具，和孩子一起玩；也可以玩一玩词语接龙、成语接龙的游戏。玩不仅可以放松心情，同时也是一种学习的方式。

我们每一个人都要处理好自己的情绪，不信谣，不传谣，做好日常的防护工作，勤洗手，常开窗通风，出门戴口罩，等。

健康居家，呼吸可以这样做

北京体育大学艺术学院院长　北京市家庭教育研究会理事　马鸿韬

两脚与肩同宽站立，两手叉腰，用鼻子吸气时胸腔增大，吸满胸腔后停一秒钟再用口用力呼出，重复5～7次，休息30秒左右，再做2组。这样可以使呼吸系统得到锻炼！

祝福家庭和孩子平安健康！

加强对重点学生的心理关注，
让青少年学生护身又护心

北京青少年法律援助与研究中心研究员 北京市家庭教育研究会理事

张雪梅

我们呼吁社会各界加强对重点学生的心理关注，让青少年学生护身又护心，特别关注中小学生尤其是准备中考、高考学生的心理问题。这些学生备考压力大，加之疫情严重，学生在家复习容易产生各种心理问题，主要是恐惧、焦虑、担忧、烦躁、学习效率低。

北京青少年法律援助与研究中心（北京市司法局批准设立的社会组织）将发挥公益法律服务方面的资源优势，通过12355、12348热线及网络平台，为群众提供7X24小时的疫情防控远程法律服务，广大青少年及家长如需要可拨打相关咨询热线，让我们以积极的心态共同面对疫情。

《20堂家教课提升你的陪伴力》
课堂笔记

陪伴，我们在一起

——2020年北京家庭教育主题培育实践倡议书

陪伴是对孩子最好的爱。高质量陪伴是家长送给孩子最好的童年礼物，也将为孩子成为更好的自己奠定良好的基础。为此，北京市妇联向首都广大家庭发出如下倡议：

一、一起携手陪伴成长。立德树人，注重言传身教，传承良好的家教家风，以精神陪伴对孩子进行心灵启迪，培育正确的价值观，当好孩子的第一任老师，帮助孩子扣好人生第一粒扣子。

二、一起遵守陪伴时间。久久为功，陪伴不在于时间长短，贵在坚持，珍惜每分每秒，将每天陪伴半小时纳入到家庭的一日生活中，让爱不缺席，给家庭关系、亲子关系留下美好瞬间。

三、一起履行陪伴清单。培养兴趣，家长和孩子共同制定陪伴清单，不局限于内容，不拘泥于场合，共读一本好书、同做一项运动、同担一份家务等，让陪伴既有意思，又有意义。

四、一起提升陪伴质量。读懂孩子，真正走进孩子的内心世界，家长和孩子共同践行健康陪伴计划，放下手机，远离网游，做到有效沟通，在和谐有爱的家庭环境中实现高质量陪伴。

2020，陪伴，我们在一起，让互相陪伴、共同成长成为家庭生活新风尚！

扫码观看"陪伴，我们在一起"
宣传片

《陪孩子走过0～3岁》

内容简介：

　　本书秉持赋能父母和家庭的理念，针对0～3岁孩子养育生活中父母和家庭可能面临的困难和问题，给予父母进行观念、环境、人际关系、自身状态等多方面调整的具体建议和方法指导，帮助父母保持良好的生活和心理状态、维持家庭功能的良好运行，从而为婴幼儿成长提供良好的环境保障。